Beiträge des Fachbeirats zum Sächsischen Gesundheitsziel „Gesundheitsförderung bei Arbeitslosen"

Susann Mühlpfordt, Diplompsychologin, Studium der Psychologie in Dresden und Toulouse, seit 2000 wissenschaftliche Mitarbeiterin in Forschung und Lehre an der Professur für Arbeits- und Organisationspsychologie sowie freiberufliche Tätigkeit. Schwerpunkte: Arbeitsgestaltung und Gesundheit, Tätigkeiten außerhalb der Erwerbsarbeit, Arbeitslosigkeit.
E-Mail: muehlpfordt@psychologie.tu-dresden.de

Prof. Dr. Gisela Mohr, Diplompsychologin, Studium der Psychologie und Soziologie an der Universität Konstanz und an der Freien Universität Berlin, Approbation als Psychotherapeutin, seit 1995 Professorin für Arbeits- und Organisationspsychologie an der Universität Leipzig. Schwerpunkte in Forschung, Lehre und Praxis: Arbeitsplatzunsicherheit, Erwerbslosigkeit, Stress am Arbeitsplatz, geschlechtsspezifische Aspekte der Arbeitswelt, Führung.
E-Mail: mohr@uni-leipzig.de

Prof. Dr. Peter Richter, emeritierter Professor für Arbeits- und Organisationspsychologie, Studium der Psychologie an der TU Dresden, von 1991 bis 2007 verantwortlich für die Ausbildung und Forschung auf dem Gebiet der Arbeits- und Organisationspsychologie. Arbeitsschwerpunkte: Arbeitsgestaltung, Tätigkeiten außerhalb der Erwerbsarbeit, psychophysiologische Beanspruchungsforschung, berufliche Rehabilitation, Arbeitslosenforschung. Weiterhin betreuend tätig auf dem Gebiet "Arbeit und Gesundheit".
E-Mail: richter@psychologie.tu-dresden.de

Susann Mühlpfordt, Gisela Mohr, Peter Richter (Hrsg.)

Erwerbslosigkeit: Handlungsansätze zur Gesundheitsförderung

PABST SCIENCE PUBLISHERS
Lengerich, Berlin, Bremen, Miami, Riga, Viernheim, Wien, Zagreb

Bibliografische Information der Deutschen Nationalbibliothek
Die Deutsche Nationalbibliothek verzeichnet diese Publikation in der
Deutschen Nationalbibliografie; detaillierte bibliografische Daten sind im
Internet über <http://dnb.ddb.de> abrufbar.

© 2011 Pabst Science Publishers, D-49525 Lengerich

Konvertierung: Claudia Döring
Titelbilder:
links: © pizuttipics – Fotolia.com; rechts: © media_ag – Fotolia.com
Druck: KM Druck, D-64823 Groß-Umstadt
ISBN 978-3-89967-706-5

Geleitwort

Sehr geehrte Damen und Herren,
liebe Leserinnen und Leser,

Gesundheitsförderung und Prävention verbessern unsere Gesundheit – egal in welchem Alter und in welcher Lebenssituation. Die Entwicklung und Umsetzung von Gesundheitszielen ist daher ein wichtiger Bestandteil der Politik der Sächsischen Staatsregierung. Um diesem Politikziel Nachdruck zu verleihen, wurden seit 2004 die Gesundheitsziele in den Koalitionsverträgen verbindlich festgeschrieben. In diesen Katalog wurde auch das Gesundheitsziel „Gesundheitsförderung bei Arbeitslosen" aufgenommen, denn gesundheitliche Probleme sind häufig nicht nur Ursache, sondern auch Folge von Arbeitslosigkeit.

Neben einer Arbeitsgruppe, die sich konkret der Entwicklung und Umsetzung des Gesundheitsziels widmet, wurde Ende 2008 ein Fachbeirat eingerichtet. In diesem Fachbeirat sitzen in Sachsen wirkende Wissenschaftler. So wird der Austausch zwischen den Anforderungen der Praxis und den Ergebnissen aus Forschungsprojekten zu den Themen Arbeitslosigkeit, soziale Benachteiligung und Gesundheit gestärkt.

In der Öffentlichkeit herrscht oftmals ein falsches Bild vor, wenn es um die Gesundheit und die Lebenssituation von Arbeitslosen geht. Mit diesem Buch können nunmehr wissenschaftliche Erkenntnisse einem breiteren Publikum zugänglich gemacht werden. Das begrüße ich sehr und danke den Mitgliedern des Fachbeirats für ihre geleistete Arbeit.

Die Positionen des Fachbeirates müssen nun mit allen Beteiligten kritisch diskutiert werden. Dazu zählen politisch Verantwortliche, aber auch Akteure der Gesundheits- und Beschäftigungsförderung, Unternehmen sowie

Landkreise und Kommunen und viele andere. Denn nur gemeinsam können wir die Gesundheitsförderung umsetzen. Als Staatsministerin für Soziales und Verbraucherschutz werde ich meinen Beitrag dazu leisten und
freue mich auf die Diskussion.

Christine Clauß
Staatsministerin für Soziales und Verbraucherschutz

Inhaltsverzeichnis

I. Positionen des Fachbeirates

II. Erwerbslosigkeit – gesundheitliche Entwicklung und soziale Zusammenhänge

III. Handlungsansätze

Vorwort

Vorliegendes Buch hat das Ziel, Aktivitäten aus Forschung und Praxis in Sachsen, die sich auf Erwerbslosigkeit und Gesundheit beziehen, einem breiteren Publikum bekannt zu machen. Wir hoffen, dass all jene, die im beruflichen und privaten Alltag mit Erwerbslosen zu tun haben, in diesem Band Anregungen und auch Hilfestellungen finden. Grundlage der Beiträge ist die Arbeit des Fachbeirats zum sächsischen Gesundheitsziel „Gesundheitsförderung bei Arbeitslosen", in dem Mitarbeiterinnen und Mitarbeiter verschiedener wissenschaftlicher Institutionen aus den Bereichen der Psychologie, der medizinischen Soziologie sowie der Angewandten Sozialwissenschaften seit Dezember 2009 am fachlichen Austausch mit Akteuren aus Politik und Praxis mitwirken.

Unbestritten ist, dass Erwerbslosigkeit durch Krankheit bedingt sein kann. Gesichert ist jedoch ebenfalls, dass sich Erwerbslosigkeit selbst als bedeutsame Quelle psychischer Beeinträchtigungen erweist, wie die Zusammenfassungen internationaler Befunde belegen (McKee-Ryan, Song, Wanberg & Kinicki, 2005; Paul, Hassel & Moser, 2006). Daher ist es nicht verwunderlich, dass überwiegend die Auswirkungen von Erwerbslosigkeit auf die psychische Gesundheit im Fokus der in diesem Band aufgeführten Studien stehen.

Erwerbslose sind keine homogene Gruppe, weder bezogen auf die soziale Herkunft, das Alter noch auf die Bildung oder ihre Fähigkeiten im Umgang mit ihrer aktuellen Lebenssituation. Dennoch gilt, dass „bisher noch keine Gruppe von Personen entdeckt werden konnte, die resistent ist gegenüber den negativen Auswirkungen" (Paul & Moser, 2009, S. 58). Von daher stellt sich politisch die Frage, wie diesen Auswirkungen von Erwerbslosigkeit auf die Gesundheit, die sich psychisch vorwiegend in sozialem Rückzug, Resignation, Depressivität und Zukunftsängsten äußern können, gesellschaftlich begegnet werden kann.

Die Komplexität erforderlicher Interventionsansätze, die von fairen Bildungschancen bereits im Kindesalter für alle sozialen Gruppen bis hin zum Umgang mit Erwerbslosen in der öffentlichen Wahrnehmung reichen, kommt in 11 Leitsätzen des Fachbeirats in diesem Band zum Ausdruck. Diese sind Kern des vorliegenden Buches und fassen komprimiert den gegenwärtigen Forschungsstand aus psychologischer Sicht zusammen. Es wird deutlich, dass Arbeitslosigkeit und deren gesundheitliche Auswirkungen ein gesellschaftliches Problem darstellen, das sowohl verhaltens- als auch verhältnisorientierter Ansätze bedarf. Die europaweit im Längsschnitt durchgeführten Sharelife-Studien dokumentieren beispielsweise den Einfluss sozialstaatlicher Unterstützungsleistungen auf die Gesundheit (Schröder, 2011): Die negativen gesundheitlichen Auswirkungen von Arbeitslosigkeit im Alter fallen im europäischen Vergleich umso geringer aus, je besser die Absicherung von Erwerbslosen in einem Land ist.

Die Artikel in diesem Band zeigen Arbeiten aus sächsischen Forschungsinstitutionen. Die Sächsische Längsschnittstudie *(Berth, Förster, Brähler, Zenger & Stöbel-Richter)* umfasst einen einmaligen Datensatz, der über Dekaden hinweg gesundheitliche und psychosoziale Entwicklungen anhand einer ostdeutschen Stichprobe zeigt. Seit dem politischen Umbruch 1989/90 bilden sich auch anhand dieser Längsschnittstudie die Auswirkungen von Erwerbslosigkeit auf die Gesundheit ab. Gleichzeitig wird gezeigt, wie z.B. ein geringes Qualifikationsniveau Erwerbslosigkeit und damit deren gesundheitliche Auswirkungen begünstigt. Dem sozialen Kontext von Erwerbslosigkeit und ihren Folgen widmet sich vertieft der Überblicksartikel zur sozialen Vererbung gesundheitlicher Benachteiligung von *Igel und Grande.*

Handlungsansätze, die auf der Basis vorliegender Forschungsbefunde abgeleitet werden, finden sich im Abschnitt III. Der Artikel von *Bergmann* verdeutlicht die Notwendigkeit klarer Bedarfsanalysen für einzelne Gruppen Erwerbsloser, um zielgruppengerechte Interventionen planen und durchführen zu können. Der Beitrag von *Rothländer und Mühlpfordt* beruht im Wesentlichen auf Erfahrungen mit der Umsetzung des psychosozialen Trainings für Erwerbslose „AktivA – Aktive Bewältigung von Arbeitslosigkeit". Die Autorinnen verdeutlichen, dass es einer Ressourcenorientierung in allen Lebensbereichen bedarf, in denen Erwerbslose agieren. Konkrete Handlungsansätze werden beispielhaft für das Fallmanagement aufgezeigt. Das Kapitel IV widmet sich gesundheits- und persönlichkeitsförderlicher Tätigkeitsgestaltung auch außerhalb von Erwerbsarbeit sowie der gesundheitlichen Wirkung von Interventionen. Es wird thematisiert, dass Arbeit mehr als die Einbindung in den ersten Arbeitsmarkt ist und eine größere

Vielfalt an Tätigkeitsformen existiert, die dazu beitragen, dass Kompetenzen und soziale Einbindung erhalten bleiben *(Göttling, Merkel & Mohr)*. Die drei weiteren Artikel des Kapitels beziehen sich auf öffentlich geförderte Beschäftigungsmaßnahmen. Die Bedeutsamkeit von Humankriterien der arbeitspsychologischen Tätigkeitsgestaltung nach DIN EN ISO 9241-2 auch für Nichterwerbsarbeit thematisieren *Mühlpfordt und Richter*. Eine Evaluation öffentlich geförderter Beschäftigung schließt ebenfalls Kriterien menschengerechter Arbeitsgestaltung ein und zeigt deren Zusammenhang zu Indikatoren psychischer Gesundheit in einem Untersuchungszeitraum von zwei Jahren *(Zäbisch, Arnold, Krocker & Mohr)*. Begleitforschung wurde hier für eine bestehende Beschäftigungsmaßnahme angewandt. Dass Wissenschaft darüber hinausgehend bereits sehr erfolgreich bei der Konzeption von Maßnahmen mitwirken kann, belegt der Artikel von *Schmidt* zum Coachingkonzept "Bridges" für langzeitarbeitslose Jugendliche. Das individuelle Vermittlungscoaching zeigt sowohl positive Auswirkungen auf die psychische Gesundheit als auch auf die Vermittlungsquote.

Die Autoren möchten mit den vorliegenden Beiträgen Beispiele dafür liefern, wie sich Wissenschaft mit unterschiedlichen methodischen Zugängen in den gesellschaftlichen Dialog einbringen kann. Gezeigt wird, dass wissenschaftliches Handeln nicht nur die Aufarbeitung bereits vorliegender Forschungsergebnisse und die Durchführung weiterer Analysen bedeutet, sondern auch die Ableitung und Konzeption erfolgreicher Interventionen und deren Überprüfung.

Die Herausgeber danken an dieser Stelle Frau Evelyn Keilhauer für die tatkräftige redaktionelle Unterstützung. Ganz besonderer Dank gilt dem Pabst-Verlag für die sehr angenehme und großzügige Kooperation.

Dresden und Leipzig, 2011

Susann Mühlpfordt, Gisela Mohr, Peter Richter

Literatur

McKee-Ryan, F.M., Song, Z., Wanberg, C.R. & Kinicki, A. (2005). Psychological and physical well-being during unemployment: A meta-analytic study. Journal of Applied Psychology, 90, 53-76.

Paul, K., Hassel, A. & Moser, K. (2006). Die Auswirkungen von Arbeitslosigkeit auf die psychische Gesundheit: Befunde einer quantitativen Forschungsintegration. In A. Hollederer & H. Brand (Hrsg.), Arbeitslosigkeit, Gesundheit und Krankheit (S. 35-51). Bern: Huber.

Paul, K. & Moser, K. (2009). Metaanalytische Moderatorenanalysen zu den psychischen Auswirkungen der Arbeitslosigkeit – Ein Überblick. In A. Hollederer (Hrsg.) Gesundheit von Arbeitslosen fördern! Ein Handbuch für Wissenschaft und Praxis (S. 39-61). Frankfurt a.M.: Fachhochschulverlag.

Schröder, M. (2011). Scar or Blemish? Investigating the Long-Term Impact of Involuntary Job Loss on Health. In A. Börsch-Supan et al. The Individual and the Welfare State. Life Histories in Europe. Heidelberg: Springer, forthcoming. [http://www.mea.uni-mannheim.de/uploads/user_mea_discussionpapers/1123_226-10.pdf]

I.   Positionen des Fachbeirates

11 Thesen – Positionspapier des Fachbeirates zum sächsischen Gesundheitsziel „Gesundheitsförderung bei Arbeitslosen"

Gisela Mohr

Zusammenfassung

Der Fachbeirat wurde im Dezember 2008 gebildet zur Unterstützung des Sächsischen Gesundheitsziels „Gesundheitsförderung bei Arbeitslosen", das am Sächsischen Staatsministerium für Soziales und Verbraucherschutz (SMS) angesiedelt ist. Er ist parteipolitisch unabhängig und hat die Aufgabe, die bisher vorliegenden wissenschaftlichen Erkenntnisse in die Arbeit zum o.g. Gesundheitsziel mit einfließen zu lassen. Der Fachbeirat formuliert hierzu die folgenden 11 Thesen, die den gegenwärtigen Stand der psychologischen Forschung zeigen. Sie sollen dazu beitragen, dass wissenschaftliche Erkenntnisse in der Praxis genutzt werden und Fehler im Umgang mit Arbeitslosen vermieden werden. Dazu ist eine möglichst weite Verbreitung der Thesen wünschenswert. Kurzversionen dieser 11 Thesen zur weiteren Verteilung und Nutzung sind abrufbar unter http://poolux.psychopool.tu-dresden.de/aktiva/uploads/11 Thesen des Fachbeirats(1).pdf. Im vorliegenden Beitrag wird jede These kurz erläutert und der wissenschaftliche Hintergrund verdeutlicht.
Als Akteure im Umgang mit Arbeitslosen sind nicht nur die Einrichtungen der Arbeitsverwaltung und Arbeitsvermittlung zu betrachten. Wir sehen sowohl die Betriebe in der Pflicht als auch die Gesellschaft insgesamt und damit jeden Einzelnen zu einem sachgerechten Umgang mit Arbeitslosen. Die 11 Thesen richten sich an alle, die mit Arbeitslosen zu tun haben, sei es beruflich, sei es privat.

1. Psychisch labile Arbeitslose bedürfen professioneller Hilfe – so früh wie möglich!

Daten der Betriebskrankenkassen machen deutlich, dass arbeitslose Männer drei Mal häufiger als erwerbstätige Angestellte Krankenhausaufenthalte haben. Die häufigsten Gründe für eine stationäre Behandlung sind bei arbeitslosen Männern und Frauen die psychischen Erkrankungen. Die Verordnung von Psychopharmaka ist bei Arbeitslosen dreifach höher als bei Erwerbstätigen (BKK, 2009). Die Daten der Krankenkassen beziehen sich auf Arbeitslose des SGB-III-Bereiches, schließen also noch nicht die Langzeiterwerbslosen ein. Man muss davon ausgehen, dass die Daten der Betriebskrankenkasse nur die Spitze des Eisbergs deutlich machen.

Metaanalysen psychologischer Studien kommen zu der Einschätzung, dass der Anteil psychisch Erkrankter unter den Erwerbstätigen bei 16 % liegt, bei den Arbeitslosen jedoch bei 34 % (Paul, Hassel & Moser, 2006). In einer Studie mit Langzeiterwerbslosen wurde festgestellt, dass 18 % der Männer und 24 % der Frauen eine behandlungsbedürftige Depression haben. Von den Männern befand sich *keiner* in Behandlung, von den Frauen nur die Hälfte. In diese Studie wurden nur freiwillige Teilnehmer einer Qualifizierungsmaßnahme einbezogen. Da Depression jedoch durch Antriebsarmut gekennzeichnet ist, d. h. das Krankheitsbild dazu führt, dass die Betroffenen eher unterrepräsentiert sind in einer solchen Untersuchung (Liwowsky et al., 2009), stellen auch die hier ermittelten Zahlen eher eine Unterschätzung dar.

Arbeitslose haben kein spezifisches „Arbeitslosensyndrom", sondern jene psychischen Erkrankungen, die auch in der übrigen Bevölkerung einen zunehmend höheren Anteil einnehmen. Die Meta-Analyse von Paul, Hassel und Moser (2006) fasst Ergebnisse aus 237 psychologischen Studien zusammen. Besonders bedeutsam ist, dass Arbeitslose deutlich mehr Depressionen, Ängste und ein schlechteres Selbstwertgefühl haben. Damit fehlen genau jene Ressourcen, die man auf dem Arbeitsmarkt benötigt: Aktivität, Initiative, Angstfreiheit, Selbstvertrauen.

Es ist aber auf der Grundlage von vielen Längsschnittuntersuchungen inzwischen erwiesen, dass diese Erkrankungen vorwiegend als Folge der Erwerbslosigkeit zu sehen sind (und nicht als Grund für den Arbeitsplatzverlust, vgl. Paul, Hassel & Moser, 2006).

Psychische Erkrankungen, die nicht als solche erkannt werden oder nicht behandelt werden, können sich verfestigen, d.h. chronifizieren: Aus gelegentlichen Ängsten kann eine manifeste Phobie werden, aus anfänglichen Selbstzweifeln und gedrückter Stimmung eine behandlungsbedürftige Depression. Wie auch bei jeder organischen Erkrankung gilt: Je weiter entwickelt eine psychische Beeinträchtigung ist, desto schwerer ist sie behandelbar. Psychische Erkrankungen benötigen für ihre Entstehung keine lange Vorlaufzeit, d.h. sie können auch bereits bei drohender Arbeitslosigkeit oder während des Bezuges von ALG I entstehen, nicht erst bei den Langzeiterwerbslosen. Von daher leitet sich die Forderung ab, psychische Beeinträchtigungen früh zu erkennen, die Antriebsarmut und Selbstzweifel eines Depressiven oder die Angst vor einer neuen Stelle nicht mit Arbeitsverweigerung gleichzusetzen und frühe Hilfe anzubieten. Sowohl Diagnostik als auch Therapie verlangen nach professioneller Hilfe, um Behandlungsfehler zu vermeiden (s.u.).

Es müssen Strukturen geschaffen werden, die die Hürde zur Inanspruchnahme professioneller Hilfe herabsetzen. Erwerbslose, die bereits eine depressive Erkrankung haben, sind per definitionem durch ihre Erkrankung (definiert durch Antriebsarmut, Passivität, Misserfolgserwartung meist in Verbindung mit anderer Symptomatik, wie z. B. Sozialangst) nicht in der Lage, sich selbst im Dschungel der Versorgungssysteme zu orientieren und sich eigeninitiativ erfolgreich, um neue Arbeit zu bemühen. Erwerbslose, die in der Regel erhebliche finanzielle Einbußen zu bewältigen haben, können keine extra Kosten für gesundheitliche Versorgung aufbringen und sie verfügen zumeist nicht über das Wissen, dass ihre psychische Verfassung ein behandlungsbedürftiger Zustand ist.

Eine frühzeitige psychologische Beratung oder gar Therapie würde eine erhebliche Kostenreduzierung im Gesundheitswesen bedeuten. Sie stellt aber auch Hilfe zur Selbsthilfe dar, weil sie den Erwerbslosen jene psychische Ressourcen gibt, die für die Bewährung in der Konkurrenz um die Arbeitsplätze notwendig sind: Selbstsicherheit, Bewältigungskompetenz von Misserfolgen, realitätsangemessener Optimismus, Kompetenz im Umgang mit anderen Menschen, die Fähigkeit zur Emotionsregulation.

2.　Die Reduzierung finanzieller Mittel ist falsch!

Der Umgang mit reduzierten finanziellen Mitteln stellt für jeden – auch für nicht Erwerbslose – eine besondere Stresssituation dar. Grundlage für eine Stresssituation sind drei Bedingungen: Kontrollverlust, das Erleben einer Gratifikationskrise und Überforderung.

Kontrollverlust entsteht, weil Erwerbslose auf die Festlegung ihrer Bezüge in der Regel keinen Einfluss haben. Die wachsende Flut von Klagen gegen Bewilligungsbescheide – z. B. wurden im Land Berlin 2009 vier Mal so viele Klagen eingereicht als 2005 – kann als Versuch gewertet werden, die Kontrolle über das Geschehen zu behalten und Transparenz über die Prozesse herzustellen (vgl. Berliner Sozialgericht, 2010). Kontrollverlust oder ein Gefühl von Ohnmacht werden in der Forschungsliteratur als Grundlage für die Entwicklung depressiver Störungen betrachtet.

Ferner kann für die Erwerbslosen – vor allem jene, die ein langes Arbeitsleben hinter sich haben – ein Missverhältnis entstehen zwischen bisher erbrachter Leistung und „Ertrag" in der Situation der Erwerbslosigkeit. Das in zahlreichen Studien bestätigte Modell der *Gratifikationskrise* von Siegrist (1996) sagt vorher, dass bei einem solchen erlebten Ungleichgewicht von eigenem Engagement und dem Ausbleiben angemessener Belohnung und Anerkennung Erkrankungen zu erwarten sind. Bei Erwerbstätigen, die sich in einer solchen Krise befinden, sind deutlich mehr Herz-Kreislauferkrankungen festzustellen und eine fast sechsfach erhöhte Depressivitätsrate (Larisch, Joksimovic, Knesebeck, Starke & Siegrist, 2003). Ein empfundenes Missverhältnis zwischen jahrelang erbrachter Leistung während der Erwerbstätigkeit und den Bedingungen in der Arbeitslosigkeit kann demzufolge als bedeutsamer Risikofaktor betrachtet werden.

Bei einer Einkommensreduzierung um ca. 1/3 (selbst bei ALG-I-Beziehern, vgl. Adamy, 2010) geht es in den unteren Einkommensklassen nicht mehr nur um den Verzicht auf zusätzlichen Luxus, sondern um eine Umstellung der bisherigen Lebensführung (Mobilitätseinschränkungen, Wohnungswechsel, veränderte Haushaltsführung). Die Hälfte der ALG-II-BezieherInnen geben an, bei den regelmäßigen Mahlzeiten zu sparen (Achatz et al., 2009). Solche Veränderungen sind schon für psychisch gesunde Menschen schwer zu bewältigen, insbesondere, wenn ökonomisch abhängige Personen, wie z. B. Kinder mit zu versorgen sind. Im Falle psychisch labiler Menschen kann man jedoch davon ausgehen, dass die Einschränkung der finanziellen Mittel schneller in eine klassische *Überforderungssituation* führen kann, d.h. dass die vorhandenen psychischen Ressourcen nicht ausreichen, eine solche Situation zu bewältigen. Damit sind die Bedingungen geschaffen, eine Stresskrankheit zu entwickeln.

In verschiedenen Studien wurden die eingeschränkten finanziellen Mittel als kritische Bedingung für eine schlechtere psychische Gesundheit festgestellt (Creed & Klisch, 2005; Frese & Mohr, 1987).

Selbst wenn die Umstellung auf die reduzierten Mittel bewältigt wird, ist mit Sekundäreffekten zu rechnen. Reduzierte finanzielle Mittel gehen damit einher, dass auch die sozialen Kontakte eingeschränkt werden. Selbst kostenfreie Sozialkontakte (z.B. Ballspiel im Park) sind an Mobilität gebunden. Mobilität ist für Erwerbslose ein Kostenfaktor. Da soziale Normen in zwischenmenschlichen Beziehungen einen Austausch vorsehen, d.h. auch Erwerbslose nicht (immer) mit leeren Händen teilnehmen wollen und können, bedeutet die Reduzierung finanzieller Mittel eine Erschwernis für soziale Kontakte. Mehrfach wurde festgestellt, dass nach wie vor ein erheblicher Teil (ca. 1/3) der Vermittlungen über das soziale Netz geschieht (sowohl nach Angaben der erfolgreichen Arbeitssuchenden, vgl. Brenke & Zimmermann, 2007, als auch bei Befragung von Betrieben und Verwaltungen, vgl. Kettner & Spitznagel, 2007). Daher ist die Aufrechterhaltung eines großen Netzes von Bekanntschaften („weak ties", vgl. Granovetter, 1983) funktional für den Wiedereinstieg. Die Teilhabe am sozialen Leben erhöht also die Vermittlungschancen. Mittelkürzungen gefährden die Teilhabe am sozialen Leben.

Die Reduzierung finanzieller Mittel wird gemeinhin als Instrument betrachtet, die Arbeitsmotivation zu fördern. Untersuchungen, die einen solchen erhofften positiven Motivationseffekt belegen, existieren nicht!

Dabei ist zu beachten, dass es sehr wohl Untersuchungen gibt, die aufzeigen, dass Personen bei zunehmender Verschlechterung der ökonomischen Lage vermehrt Arbeitssuchaktivitäten zeigen (Vuori & Vesalainen, 1999). Allerdings ist Arbeitssuchverhalten nicht identisch mit Arbeitsmotivation. Zudem besteht nur ein kleiner bis mittlerer Zusammenhang ($r_c = .21$) zwischen Häufigkeit der Bewerbungen und Arbeitsaufnahme (Kanfer, Wanberg & Katrowitz, 2001). Die Verschlechterung der finanziellen Lage wiederum geht mit einer Verschlechterung der psychosozialen Gesundheit einher (Elovainio, Kivimäki, Kortteinen & Tuomikoski, 2001).

Mit anderen Worten: Es ist zu vermuten, dass das, was bei Einschränkungen der finanziellen Mittel bei der Arbeitslosenunterstützung gespart wird, an anderer Stelle (im Gesundheitsbereich) wieder als Kosten auftaucht.

3. Arbeitslose können nicht mehr leisten als andere Menschen auch!

Von Arbeitslosen werden Veränderungen verlangt, die viele Menschen in stabilen Verhältnissen kaum zu leisten in der Lage sind: finanzielle Einbußen (s.o.), Veränderungen der Lebensführung, Veränderung zentraler Rollen (z.B. „Ernährerrolle"), Umzüge, Trennung von der Familie bei wohnortfernen Arbeitsangeboten bei unsicherer Perspektive auch am neuen Ort. Bekannt ist, dass Mobilität mit einem erhöhten Ausmaß an Depressionen einhergeht (Magdol, 2002). Noch sechs Monate nach Arbeitsbeginn am neuen Arbeitsort ist ein erhöhtes Stresserleben feststellbar (Moyle & Parkes, 1999). Partner, die zugunsten eines Arbeitsangebots mit umziehen, bezahlen den Transfer häufig mit eigener Erwerbslosigkeit oder zumindest Unterbeschäftigung (Clark & Withers, 2002).

Bei jedem neunten bis zehnten ALG-I (!)-Bezieher werden die Lohnersatzleistungen gepfändet (Adamy, 2010). Dies deutet darauf hin, dass die finanziellen Einbußen nicht kompensiert werden. In der arbeitspsychologischen Forschung geht man davon aus, dass Stress (und die darauf folgenden Krankheiten) ausgelöst werden durch ein Ungleichgewicht zwischen den Anforderungen an eine Person und ihren Fähigkeiten, damit umzugehen. Will man also präventiv gegen Erkrankungen vorgehen, so bedeutet dies einerseits, die Fähigkeiten der Person zu erhöhen, was z. B. in Stressbewältigungsseminaren geschieht. Es bedeutet aber auch, die Stressoren oder Anforderungen den Fähigkeiten der Person anzupassen.

4. Viele Bewerbungen, hohe Arbeitsorientierung, starke Konzessionsbereitschaft und viel Optimismus sind falsche Forderungen an Arbeitslose!

Verschiedentlich erhalten Arbeitslose die Anforderung, eine möglichst hohe Zahl an Bewerbungsschreiben pro Monat nachzuweisen, auch wenn aufgrund der regionalen Arbeitsmarktsituation absehbar ist, dass viele dieser Bewerbungen erfolglos sein werden. Das Gefühl der Selbstwirksamkeit, d.h. die Sicherheit, den Anforderungen der Umwelt entsprechen zu können, entsteht u.a. aus der Erfahrung erfolgreicher Aufgabenbewältigung (Bandura, 1997). Die Forderung nach absehbaren erfolglosen Bewerbungen muss also geradezu als „Behandlungsfehler" betrachtet werden, da genau jene psychischen Ressourcen gefährdet werden, die die Erwerbslosen benötigen: Vertrauen in die eigenen Fähigkeiten.

Es gibt Untersuchungen, die zeigen, dass eine mittlere *Arbeitsorientierung* mit einer besseren psychischen Gesundheit einhergeht als eine hohe (Pernice, 1996; Wanberg & Marchese, 1994). Zu erklären ist dies damit, dass erfolglose Bewerbungen dann besser bewältigt werden können. Auch hier muss es also als Kunstfehler betrachtet werden, wenn sogenannte „Motivationstrainings" eine hohe Arbeitsorientierung in den Vordergrund stellen, statt die protektive Funktion eines mittleren Niveaus für die psychische Stabilisierung zu sehen. Offenbar stellt die Reduzierung der Arbeitsorientierung eine Anpassung an die gegenwärtige Lebenssituation dar und muss als Teil einer positiven Bewältigungsstrategie bei Langzeiterwerbslosen (neu) bewertet werden (vgl. auch DeWitte & Rigotti, 2010).

Im Hinblick auf die *Konzessionsbereitschaft* ist zu bedenken, dass es in Deutschland 13 Jahre dauert, bis man einen „Mismatch", d.h. den Beginn einer beruflichen Laufbahn unterhalb der erworbenen Qualifikation ausgeglichen hat (Scherer, 2004). In der Studie von Leana und Feldman (1995) hatten zwar die Arbeitslosen mit höherer Konzessionsbereitschaft schneller wieder eine Arbeitsstelle. Jedoch hatten diejenigen Wiedereingestellten, die mit ihrer Arbeit nicht zufrieden waren, keine Verbesserung der psychischen Gesundheit, wie dies sonst beim Wiedereintritt der Fall ist. Eine hohe Konzessionsbereitschaft enthält potentiell die Gefahr einer beschleunigten Abwärtsspirale, da ein erheblicher Teil der Wiedervermittelten – nach Bartelheimer und Wieck (2005) betrifft dies die Hälfte der Bezieher von Arbeitslosenhilfe – innerhalb eines Jahres wieder arbeitslos ist.

Die Förderung des *Optimismus* mag im Rahmen psychologischer Betreuung von Arbeitslosen naheliegend erscheinen, insbesondere wenn es sich um depressive Personen handelt, denen es an Optimismus mangelt. Jedoch konnte in einer Studie mit Industriearbeitern festgestellt werden, dass jene, die zu Beginn ihrer Erwerbslosigkeit besonders optimistisch waren, bald wieder eine Stelle zu bekommen, eineinhalb Jahre später noch immer oder schon wieder erwerbslos waren. Es wurde weiter festgestellt, dass sie zudem auch noch besonders depressiv waren. Diese enttäuschte Hoffnung erwies sich also als kritische Bedingung für die Entwicklung depressiver Reaktionen (Frese & Mohr, 1987). Deshalb ist die Förderung einer positiven Sicht der Zukunft, wie es in der Depressionstherapie nahegelegt wird, bei Arbeitslosen mit Vorsicht zu betreiben.

Die hohe Konzessionsbereitschaft und Arbeitsorientierung der ALG-II-Bezieher im Vergleich zu Nichtbeziehern und arbeitslosen Nichtbeziehern, wie sie auf der Grundlage einer Repräsentativerhebung von Bester, Bethmann und Trappmann (2010) bzw. auf der Grundlage von Daten des Sozioökonomischen Panels (Brenke, 2010) festgestellt wurde, muss geradezu als Risikofaktor für eine gelingende Bewältigung von Langzeitarbeitslosigkeit betrachtet werden.

5. Auch Gesundheit ist ein Kriterium für den Erfolg von Maßnahmen für Arbeitslose!

Aus der Perspektive der Arbeitsverwaltung und Arbeitsvermittlung ist die Wiedervermittlung ein zentrales Erfolgskriterium, da nur dies sich auf jene Statistiken auswirkt, die für die Beurteilung des Erfolgs dieser Organisationen herangezogen werden. Vor dem Hintergrund der anfangs dargestellten Zahlen über die gesundheitlichen Beeinträchtigungen bei Arbeitslosen wird jedoch offensichtlich, dass es um mehr gehen muss als nur die Wiedervermittlungsrate. Die Verbesserung der Gesundheit der Arbeitslosen muss ein eigenständiges Ziel werden, nicht nur um die Kosten für Behandlung und das Risiko krankheitsbedingter Langzeiterwerbslosigkeit zu senken. Vielmehr geht es im Sinne des Grundgesetzes § 2, Abs. 2 – „Jeder hat das Recht auf Leben und körperliche Unversehrtheit. Die Freiheit der

Person ist unverletzlich..." – um die Absicherung einer humanen Gesellschaft. Die bisherige Evaluation einiger Maßnahmen (vgl. Kapitel Schmidt sowie Rothländer & Mühlpfordt in diesem Band) hat gezeigt, dass diese zur Stabilisierung der Gesundheit von Langzeiterwerbslosen beitragen können, auch wenn keine Wiedervermittlung gelingt (vgl. auch Mohr & Otto, 2005).

6. Andere Formen der Arbeit sollten nicht behindert oder negativ bewertet werden, sondern als Qualifikationspotential positiv gewürdigt und unterstützt werden!

Viele Fähigkeiten, die der Mensch in der Erwerbsarbeit entwickelt hat, müssen durch ständigen Gebrauch vor dem Verfall bewahrt werden. Arbeitslose sind in der Regel erwerbslos, aber nicht arbeitslos. Fast alle Erwerbslosen sind im Haushalt tätig. Ein Drittel der ALG-II-Bezieher ist in Ausbildung, nimmt an einer Maßnahme teil, pflegt Angehörige oder betreut Kinder (vgl. Beste, Bethmann & Trappmann, 2010). Weitere Tätigkeitsbereiche können sein (vgl. Göttling, Merkel & Mohr in diesem Band): Nachbarschaftshilfe, Tauscharbeit, Schwarzarbeit oder Ehrenamt. Auch Arbeit außerhalb der Erwerbsarbeit hat das Potential, Qualifikationen zu erhalten. Dabei geht es nicht nur um technische oder fachliche Fähigkeiten, sondern auch um sogenannte Schlüsselkompetenzen: Umgang mit sozialen Situationen, Begreifen von Aufgaben, Annahme von Verantwortung, Bewältigung von neuen oder unerwarteten Situationen usw. Qualifikationsprofile, die für Arbeitslose erstellt werden, sollten Erfahrungen aus diesen Arbeitsbereichen aktiv mit einbeziehen.

Die erfolgreiche Bewältigung von Aufgaben außerhalb der Erwerbsarbeit bietet Grundlagen für positive Emotionen und das Gefühl, auch zukünftig Anforderungen erfolgreich zu bewältigen (Selbstwirksamkeitserwartung, Bandura, 1997). Sie haben neben dem Erhalt von Fertigkeiten eine psychohygienische Funktion, indem sie gesellschaftliche Teilhabe, sozialen Austausch und das Gefühl vermitteln, gebraucht zu werden.

Wenn Arbeiten außerhalb der Erwerbsarbeit gegen Entlohnung durchgeführt werden, stellt sich die Frage der Schwarzarbeit und (bzw. oder) des Überschreitens der Zuverdienstgrenze und damit des Missbrauchs von

Leistung. Auch Schwarzarbeit erhält die Arbeitsfähigkeit. Letztendlich bedeutet Schwarzarbeit, dass eine Person die Fähigkeit gezeigt hat, sich selbst Arbeit zu organisieren und sie auch zur Zufriedenheit des Kunden auszuführen. Dieses positive Potential zu nutzen verlangt, dass es offen gelegt wird. Dies wird jedoch nicht geschehen, so lange Schwarzarbeit negativ sanktioniert wird. Hier sind Modelle gefragt, die zu einer Überleitung in legalisierte Verhältnisse führen.

7. Nicht jede Erwerbsarbeit ist besser als Arbeitslosigkeit!

Vor allem selbst ausgewählte Arbeit wirkt sich positiv auf die psychische Gesundheit aus. In einer Studie mit 166 Langzeiterwerbslosen waren es vor allem die selbst gewählten Bildungsaktivitäten und die Gemeinsinnarbeit, die mit einer besseren psychischen Gesundheit einhergingen, wohingegen die Kombination der Hausarbeit mit einer Arbeitsgelegenheit (AGH mit Mehraufwandsentschädigung) nicht zu einer bedeutsamen Verbesserung der psychischen Gesundheit beitrug (vgl. Göttling, Merkel & Mohr in diesem Band). Zu vermuten ist, dass die selbst gewählte Arbeit ein ausreichendes Maß an Erfolgserlebnissen und das Gefühl, (wieder) Einfluss auf die eigene Lebensgestaltung ausüben zu können, mit sich bringt. Arbeitslose, die in schlechte Arbeitsverhältnisse vermittelt werden, erleben *keine* Verbesserung der psychischen Gesundheit (Aycan & Berry, 1996; Dooley, Prause & Ham-Rowbottom, 2000). Es gilt also, die Kriterien menschengerechter Arbeit (vgl. Mühlpfordt & Richter in diesem Band) im Auge zu behalten. Eine einseitige Betrachtung der Vergütungshöhe (Lohnabstandsdiskussion, vgl. Boss, Christensen & Schrader, 2005) als Motivator zur Arbeitsaufnahme lässt außer Acht, dass Erwerbsarbeit weit mehr Funktionen hat, als die Existenz abzusichern (s.o.), und dass sie – auch für Geringqualifizierte – den Mindestkriterien einer menschengerechten Arbeit entsprechen muss, um gewünscht und erstrebt zu werden.

8. Primärprävention fängt im Betrieb an: Betriebliche Arbeitsgestaltung ist Prävention von Arbeitslosigkeit!

Eines der sichersten Mittel der Prävention von Arbeitslosigkeit und den mit ihr einhergehenden gesundheitlichen Folgen ist die Umverteilung der vorhandenen Erwerbsarbeit, statt sie einigen Menschen ganz zu entziehen. Dabei sind prinzipiell unterschiedliche Verteilungsmodelle denkbar. Auch wenn Arbeit aufgrund mangelnder Aufträge innerhalb eines Betriebes weniger wird, sind Entlassungen nur ein Weg von vielen. Andere Modelle sind z. B. Arbeitszeitverkürzung für alle durch verkürzte Arbeitstage oder Arbeitswochen oder zeitweise Kurzarbeit, Freistellung im Rotationsmodell, die Ermöglichung einer befristeten Auszeit (sabbaticals) für Qualifizierung oder private Belange. Entscheidend ist, dass der Ausstieg befristet ist und der Arbeitsplatz gesichert bleibt. Fryer und McKenna (1987) konnten nachweisen, dass in Zeiten befristeter Freistellung die gesundheitlichen negativen Folgen der Erwerbslosigkeit nicht auftreten.

Organisationspsychologische Untersuchungen haben gezeigt, dass Betriebe, die in Krisen mit Entlassungen reagieren, keineswegs damit eine bessere wirtschaftliche Situation erreichen als solche, die stattdessen in der Krise die Belegschaft halten (Cascio, 1998; Cascio & Young, 2003). Erklärt wird dies damit, dass letztere Betriebe nach der Krise besser gerüstet sind mit einer qualifizierten eingearbeiteten Belegschaft und dass zudem Schäden, die durch Entlassungen entstehen, vermieden werden. Solche unerwünschten Schädigungen eines Betriebes bei Entlassungen entstehen u.a. dadurch, dass die hoch Qualifizierten frühzeitig den Betrieb verlassen und dass diejenigen, die nicht entlassen werden (die sog. „survivors"), das Vertrauen in den Betrieb verloren haben mit entsprechenden Begleiterscheinungen auf die Leistung.

Prinzipiell ist mit der Umverteilung bezahlter Arbeit die Frage verbunden, ob und wie ein Existenz sicherndes Einkommen möglich ist und wer während der Nichtarbeitsphase dafür aufkommt. In höheren Einkommensgruppen ist diese Frage leichter zu lösen und wird bereits vielfältig gelöst, z. B. bei Lehrern, die sich ein kostenneutrales Sabbatical erarbeiten können, indem sie über eine gewisse Zeit in Vollzeit tätig sind bei reduziertem Gehalt. Mit der Gehaltsdifferenz wird die Zeit des Sabbaticals finanziert. Bei den unteren Einkommensgruppen ist das nicht möglich.

Es macht aufgrund der Ergebnisse über die gesundheitlichen Folgen der Erwerbslosigkeit auf jeden Fall mehr Sinn, intelligente Verteilungsmodelle der Erwerbsarbeit zu finanzieren, als die Kosten für die Krankheiten der Erwerbslosen aufzubringen. Wer sich an dieser Finanzierung der Umverteilung von Arbeit beteiligt, ist keine psychologische Fragestellung mehr, sondern eine Frage der gesellschaftlichen Entwicklung.

9. Prävention muss im Betrieb konsequent fortgeführt werden: durch Information und Hilfsangebote!

Information kann zur Prävention beitragen, denn bereits die Unsicherheit über die Zukunft des Arbeitsplatzes, also nicht erst der reale Verlust, kann eine Schwächung des Immunsystems und der psychischen Gesundheit hervorrufen (vgl. in Mohr, 1997). Erklärt wird dies vor allem dadurch, dass bei unzureichender Information Handlungsunsicherheit besteht. Es konnte gezeigt werden, dass der psychische Gesundheitszustand in Phasen der Umstrukturierung bei denen deutlich besser ist, die sich über die geplanten Maßnahmen informiert fühlten (Jimmieson, Terry & Callan, 2004).

Es hat sich gezeigt, dass wenig aufwändige Hilfsangebote im Betrieb dazu beitragen können, dass die zu entlassenen Personen erst gar nicht arbeitslos werden, sondern direkt in ein nächstes Beschäftigungsverhältnis übergehen können. Ein gutes Beispiel ist dafür das Outplacementprogramm von Solomon (1983). Mit nur wenigen Sitzungen, in denen die Bewerbungsstrategie erarbeitet wurde, Unterstützung durch Referenzen gegeben wurde und eine Freistellung von der Arbeit für Bewerbungsgespräche ermöglicht wurde, konnte für die Mehrzahl der Teilnehmer die Arbeitslosigkeit vermieden werden. Damit wird das „Vermittlungshemmnis Arbeitslosigkeit" erst gar nicht erzeugt und die psychischen Folgen der Erwerbslosigkeit bleiben aus. Der Erfolg solcher Maßnahmen ist von der Situation auf dem regionalen Arbeitsmarkt abhängig und davon, wie viele Personen entlassen werden. Zu vermuten ist, dass eine derartige Maßnahme auch als Wertschätzung der bisherigen Arbeit erlebt wird, eine Gratifkationskrise (s.o.) zu vermindern hilft und für die verbleibende Belegschaft ein positives Signal darstellt.

10. **Die psychosoziale Gesundheit von Arbeitslosen zu erhalten, ist ein allgemeines Präventionsziel und fängt mit der Schaffung von Bildungschancen im Kindergarten an!**

Kinder arbeitsloser Eltern haben einen schlechteren Gesundheitszustand und ein höheres Risiko, selbst auch arbeitslos zu werden (Ström, 2003), auch nach Kontrolle anderer Merkmale, wie ungünstiges Gesundheitsverhalten (der Mütter: Rauchen) und soziale Schicht (siehe auch Igel & Grande in diesem Band). Die Arbeitsplatzunsicherheit des Vaters geht einher mit einer bei ihren Kindern geringeren protestantischen Arbeitsethik, die in der Sozialisationsphase jedoch als notwendige Grundlage für Arbeitsidentifikation und Leistungsorientierung betrachtet wird (Barling, Dupre & Hepburn, 1998). Jugendliche erwerbsloser Eltern sehen für sich selbst nur geringe Chancen, eine Arbeit zu finden (Galambos & Silbereisen, 1987).

Ein Schutz gegen Arbeitslosigkeit ist nach wie vor eine gute Ausbildung. Ungleiche Bildungschancen entfalten sich bereits in der Grundschule, wenn Kinder zum Zeitpunkt der Schulpflicht grundsätzliche Fähigkeiten nicht beherrschen. Investitionen in die vorschulische Betreuung sind demzufolge Teil einer präventiven Strategie gegen die negativen Folgen der Arbeitslosigkeit.

11. **Die öffentliche Stigmatisierung von Arbeitslosen ist zurückzuweisen. Statt Arbeitslose zu diskriminieren, ist ihre Leistung bei der Bewältigung der Mängel des Arbeitsmarktes anzuerkennen!**

Für Arbeitslose besteht die Gefahr, von anderen als faul diskriminiert zu werden. Diese Fehleinschätzung liegt nahe, da die bei Arbeitslosen verbreiteten depressive Erkrankungen durch eine Reihe von Symptomen gekennzeichnet sind – Inaktivität, mangelnde Initiative, Müdigkeit, Antriebslosigkeit, Rückzug und Passivität (vgl. ICD-10, 2004) –, die schwer zu unterscheiden sind von jemandem, der gesund, aber nicht arbeitsmotiviert ist.

Die Daten zum Arbeitssuchverhalten und zur Konzessionsbereitschaft bestätigen eine solche Sichtweise nicht (Brenke, 2010). Sie beruhen zwar auf Selbstauskünften der Befragten, jedoch stimmen die Daten aus unterschiedlichen Studien weitgehend überein. Detaillierte Analysen zeigen, dass es nur eine relativ kleine Gruppe an Personen gibt, die den Auflagen nicht nachkommt. Dabei handelt es sich vorwiegend um Ältere und gesundheitlich beeinträchtigte Personen mit geringen Wiedervermittlungschancen (Beste, Bethmann & Trappmann, 2010), bei denen weitere Bewerbungsaktivitäten vermutlich eher Selbstwert schädigend wären.

Begegnet man Arbeitslosen mit der Vorstellung, dass sie keine Arbeitsmotivation hätten, dann werden die Chancen auf die positive Wirkung des Rosenthal-Effekts vertan. Rosenthal und Jacobson (1966) hatten in Schulversuchen nachgewiesen, dass eine positive Leistungserwartung der Lehrer gegenüber Schülern dazu beiträgt, dass die Leistungen dieser Schüler mit der Zeit tatsächlich deutlich besser wurden. Bei Schülern, denen die Lehrer nichts zutrauten, konnte eine solche Leistungsverbesserung nicht festgestellt werden. Dabei ist zu beachten, dass alle Schüler gemeinsam Unterricht erhielten und sich in der Leistung, die vor Beginn des Schulversuchs gemessen wurde, nicht unterschieden. In der nachfolgenden Forschung wurde festgestellt, dass eine Leistungsverbesserung stattfindet, wenn Schüler Erfolge auf die eigene Begabung und Misserfolge auf mangelnde Anstrengung zurückführen können (Heckhausen, 1980). In Zeiten von Massenarbeitslosigkeit und speziell in Regionen mit hoher Arbeitslosenrate wird es für Arbeitslose schwer sein, eine solche leistungsförderliche Erfolgs- bzw. Misserfolgsattribuierung aufrechtzuerhalten. Aus der Forschung zum Rosenthal-Effekt kann ferner abgeleitet werden: Eine Einstellung der sozialen Umwelt, die Arbeitslose nicht als Versager betrachtet, kann dazu beitragen, Potentiale freizusetzen. Vor allem könnte es förderlich dafür sein, dass Arbeitslose sich in ihrem sozialen Umfeld zu erkennen geben, statt ihren Status zu verheimlichen. Nur dann können sie vom Geflecht loser sozialer Beziehungen profitieren, dessen Vermittlungsleistung dreifach (!) höher ist als die der Arbeitsagenturen (Brenke & Zimmermann, 2007; Kettner & Spitznagel, 2007).

Trotz vieler psychologischer Forschungsbefunde und Überlegungen, die bisher zusammengefasst wurden, ist abschließend festzuhalten: Arbeitslosigkeit ist kein psychologisches Problem, sondern ein gesellschaftliches!

Dem Fachbeirat gehören an und an der Verfassung dieser 11 Thesen haben mitgewirkt:
Universität Leipzig: Professur für Arbeits- und Organisationspsychologie (Prof. Dr. Gisela Mohr); mohr@uni-leipzig.de
Hochschule für Technik, Wirtschaft und Kultur Leipzig: Fachbereich Sozialwesen (Prof. Dr. Gesine Grande);
TU Dresden: Professur für Arbeits- und Organisationspsychologie (Prof. Dr. em. Peter Richter, Dipl.- Psych. Katrin Rothländer, Dipl.-Psych. Susann Mühlpfordt, Professur für Methoden der Psychologie (Prof. Dr. em. Bärbel Bergmann, Dr. Matthias Schmidt);
Universitätsklinikum Carl Gustav Carus Dresden: Medizinische Psychologie und Medizinische Soziologie (PD Dr. Hendrik Berth);
Universitätsklinikum Leipzig: AöR, Selbstständige Abteilung für Medizinische Psychologie und Medizinische Soziologie (PD Dr. Yve Stöbel-Richter)

Literatur

Achatz, J., Dornette, J., Popp, S., Promberger, M., Rauch, A., Schels, B., Wenzel, U., Wenzig, C. & Wübbeke, C. (2009). Lebenszusammenhänge erwerbsfähiger Hilfebedürftiger im Kontext der Grundsicherungsreform. In J. Köller & U. Walwei (Hrsg), Handbuch Arbeitsmarkt (S. 205-236).

Adamy, W. (2010). Kommunale soziale Integrationshilfen bei Hartz IV: Das Fördern kommt immer noch viel zu kurz. Soziale Sicherheit, 1, 5-15.

Aycan, Z. & Berry, J. W. (1996). Impact of employment related experiences on immigrants' psychological well-being and adaption to Canada. Canadian Journal of Behavioural Science, 28, 240-251.

Bandura, A. (1997). Self efficacy: The exercise of control. New York: Freeman.

Barling, J., Dupre, K. E. & Hepburn, C. G. (1998). Effects of parents' job insecurity on children's work beliefs and attitudes. Journal of Applied Psychology, 83, 112-118.

Bartelheimer, P. & Wieck, M. (2005). Arbeitslosigkeit und Unterbeschäftigung. In: Soziologisches Forschungsinstitut/Institut für Arbeitsmarkt- und Berufsforschung/Institut für Sozialwissenschaftliche Forschung/Internationales Institut für empirische Sozialökonomie (Hrsg.), Berichterstattung zur sozioökonomischen Entwicklung in Deutschland – Arbeit und Lebensweisen, Erster Bericht (S. 271-302). Wiesbaden: Verlag für Sozialwissenschaften.

Berliner Sozialgericht (2010). „Hartz-IV" – Daten des Sozialgerichts Berlin. Abfrage unter: http://www.berlin.de/sen/justiz/gerichte/lsg/hartzivinfo.html am 20.11.2010.

Beste, J, Bethmann, S. & Trappmann, M. (2010). ALG-II-Bezug ist nur selten ein Ruhekissen. IAB Kurzbericht, 15, 1-8.

BKK Bundesverband (Hrsg.) (2009). Gesundheitsreport 2009. Gesundheit in Zeiten der Krise. Essen: BKK.

Brenke, K. & Zimmermann, K. F. (2007). Erfolgreiche Arbeitssuche weiterhin meist über informelle Kontakte und Anzeigen. DIW Wochenbericht 20, 325-331. http://www.diw.de/documents/publikationen/73/diw_01.c.57351.de/07-20-1.pdf.

Brenke, K. (2010). Fünf Jahre Hartz IV: Das Problem ist nicht die Arbeitsmotivation. DIW-Wochenbericht, 6, 1-14.

Boss, A., Christensen, B. & Schrader, K. (2010). Die Hartz IV-Falle: Wenn Arbeit nicht mehr lohnt. Kiel: Institut für Weltwirtschaft.

Cascio, W. F. (1998). Learning from outcomes. Financial experiences of 311 firms that have downsized. In M. K. Gowing, J.D. Kraft & J.C. Quick (Eds.), The new organizational reality: Downsizing, restructuring, and revitalization. Washington: American Psychological Association.

Cascio, W. F. & Young, C. E. (2003). Financial consequences of employment change decision in major U.S. corporations, 1982-2000. In K.P. DeMeuse & L. Marks (Eds.), Resizing the organization. Managing layoffs, divestitures and closings. San Francisco: Jossey Bass.

Clark, W. A. V. & Withers, S. (2002). Disentangling the interaction of migration, mobility, and labor-force participation. Environment and Planning, 34, 923-945.

Creed, P. A. & Klisch, J. (2005). Future Outlook and Financial Strain: Testing the Personal Agency and Latent Deprivation Models of Unemployment and Well-Being. Journal of Occupational Health Psychology, 10, 251-260.

deWitte, H. & Rigotti, T. (2010). Findet bei Langzeiterwerbslosen ein Adaptionsprozess statt? In T. Rigotti, S. Korek & K. Otto (Hrsg), Gesund mit und ohne Arbeit (S. 383-393). Lengerich: Pabst Science Publishers.

Dooley, D., Prause, J. A. & Ham-Rowbottom, K. A. (2000). Underemployment and depression: Longitudinal relationships. Journal of Health & Social Behavior, 41, 421-436.

Elovainio, M., Kivimäki, M., Kortteinen, M. & Tuomikoski, H. (2001). Socioeconomic status, hostility and health. Personality and Individual Differences, 31, 303-315.

Frese, M. & Mohr, G. (1987). Prolonged unemployment and depression in older workers: A longitudinal study of intervening variables. Social Science and Medicine, 25, 173-178.

Fryer, D. & McKenna, S. (1987). The laying off on hands – unemployment and the experience of time. In S. Fineman (Ed.), Unemployment. Personal and social consequences (pp. 47-73). Suffolk: Richard Clay Ltd.

Granovetter, M. (1983). The strength of weak ties – a network theory revisited. In R. Collins (Ed). Sociological Theory (p. 201-233). San Fancisco: Jossey Bass.

Jimmieson, N.L., Terry, D.J. & Callan, V.J. (2004). A longitudinal study of employee adaptation to organisational change: The role of change-related information and change-related self-efficacy'. Journal of Occupational Health Psychology, 9 (1), 11-27.

Galambos, N. L. & Silbereisen, R. K. (1987). Income change, parental life outlook, and adolescent expectation for job success. Journal of Marriage and the Family, 49, 141-149.

Heckhausen. H. (1980). Motivation und Handeln. Heidelberg: Springer.

ICD-10 (2004). International statistical Classification of Diseases and related health problems, 10th edition. Geneva: WHO (World Health Organization).

Kanfer, R., Wanberg, C. R. & Katrowitz, T. M. (2001). Job search and unemployment: A personality-motivational analysis and meta-analytic review. Journal of Applied Psychology, 86, 837-855.

Kettner, A. & Spitznagel, E. (2007). Kräftige Konjunktur stärkt die Arbeitsnachfrage. IAB Kurzbericht, 11, 1-8. http://doku.iab.de/kurzber/2007/kb1107.pdf

Larisch, M., Joksimovic, L., Knesebeck, O., Starke, D. & Siegrist, J. (2003). Berufliche Gratifikationskrisen und depressive Symptome: Eine Querschnittstudie bei Erwerbstätigen im mittleren Erwachsenenalter. Psychotherapie, Psychosomatik, Medizinische Psychologie, 53, 223-228.

Leana, C. R. & Feldmann, D. C. (1995). Finding new jobs after a plant closing: Antecedents and outcomes of the occurrence and quality of reemployment. Human Relations, 48, 1381-1401.

Liwowsky, I., Kramer, D., Mergl, R., Bramesfeld, A., Allgaier A.-K, Pöppel E. & Hegerl, U. (2009). Screening for depression in the older long-term unemployed. Social Psychiatry and Psychiatric Epidemiology, 44, 622-627.

Magdol, L. (2002). Is moving gendered? The effects of residential mobility on the psychological well-being of men and women. Sex Roles, 47, 553-560.

Mohr, G. (1997). Erwerbslosigkeit, Arbeitsplatzunsicherheit und psychische Befindlichkeit. Frankfurt/M.: Lang.

Mohr, G. & Otto, K. (2005). Langzeiterwerbslosigkeit: Welche Interventionen machen aus psychologischer Sicht Sinn? Zeitschrift für Psychotraumatologie und Psychologische Medizin, 3, 45-63.

Moyle, P. & Parkes, K. (1999). The effects of transition stress: a relocation study. Journal of Organizational Behavior, 20, 625-646.

Paul, K., Hassel, A. & Moser, K. (2006). Die Auswirkung von Arbeitslosigkeit auf die psychische Gesundheit. In A. Hollederer & H. Brand (Hrsg), Arbeitslosigkeit, Gesundheit und Krankheit (S. 35-51) Bern: Huber.

Pernice, R. (1996). Methodological issues in unemployment research: Quantitative and/or qualitative approaches? Journal of Occupational and Organizational Psychology, 69, 339-349.

Rosenthal, R. & Jacobson, L. (1966). Teachers' expectancies: Determinants of pupils' IQ gains. Psychological Reports, 19, 115-118.

Scherer, S. (2004). Stepping-stones or traps? The consequences of labour market entry positions on future careers in West Germany, Great Britain and Italy. Work, Employment & Society, 18, 369-394.

Siegrist, J. (1996). Soziale Krisen und Gesundheit. Göttingen: Hogrefe.

Solomon, L. J. (1983). Considerations in laying off employees: A program description. Journal of Organizational Behaviour, 5 (1), 53-62.

Ström, S. (2003). Unemployment and families: A review of research. Social Service Review, 77, 399-430.

Techniker Krankenkasse (Hrsg.) (2010). Gesundheitsreport 2010. Gesundheitliche Veränderungen bei Berufstätigen und Arbeitslosen von 2000 bis 2009. Hamburg: Techniker Krankenkasse.

Vuori, J. & Vesalainen, J. (1999). Labour market interventions as predictors of re-employment, job seeking activity and psychological distress among the unemployed. Journal of Occupational and Organizational Psychology, 72, 523-538.

Wanberg, C. R. & Marchese, M. C. (1994). Heterogenity in the unemployment experience: A cluster analytic investigation. Journal of Applied Social Psychology, 24, 473-488.

II. Erwerbslosigkeit – gesundheitliche Entwicklung und soziale Zusammenhänge

Arbeitslosigkeit und Gesundheit – Ergebnisse der Sächsischen Längsschnittstudie

Hendrik Berth, Peter Förster, Elmar Brähler,
Markus Zenger, Yve Stöbel-Richter

Zusammenfassung

Die Sächsische Längsschnittstudie untersucht seit 1987 eine einheitliche Stichprobe junger Ostdeutscher (1987: 14 Jahre alt, 2009: 36 Jahre alt). Von ursprünglich über 1200 TeilnehmerInnen erklärten sich 1989 N= 587 zur weiteren Mitarbeit bereit. An der letzten Welle 2009 nahmen N= 364 Personen teil. Die meisten TeilnehmerInnen haben eine abgeschlossene Berufsausbildung, 25% haben studiert. Bis 1996 waren bereits 50% mindestens einmal von Arbeitslosigkeit betroffen, 2009 mehr als 70%. Arbeitslosigkeitserfahrungen wirken sich entscheidend negativ auf die individuelle psychische, körperliche und soziale Gesundheit aus (Kausalität). Des Weiteren lassen sich auch personenspezifische Merkmale nachweisen, die den Eintritt von Arbeitslosigkeit begünstigen. Dazu gehören schlechtere Schulnoten, eine höhere psychische Beanspruchung im Jugendalter und die Arbeitslosigkeit der Eltern (Selektion). Das Ausmaß der Folgen von Arbeitslosigkeit wird u.a. vom zur Verfügung stehenden Einkommen und von individuellen Persönlichkeitsdispositionen (Neurotizismus) moderiert. Die Studie soll mit dem Schwerpunkt Arbeitslosigkeit und Gesundheit fortgesetzt werden.

1.   Zur Studie

Die Sächsische Längsschnittstudie wurde bereits 1987 durch das Zentralinstitut für Jugendforschung der DDR in Leipzig begonnen (vgl. Friedrich, Förster & Starke, 1999). Untersucht wurde eine für die DDR repräsentative Stichprobe damals 14-jähriger Schüler (Geburtsjahrgang 1973) aus 72

Klassen an 41 Schulen in den DDR-Bezirken Karl-Marx-Stadt (heute Chemnitz) und Leipzig (ursprünglich N= 1.281). Nach dem Abschluss der 3. Welle im Frühjahr 1989 erklärten sich N= 587 Befragte bereit, auch weiterhin an der Studie teilzunehmen. Die Studie konnte seitdem mit nahezu jährlich stattfindenden Erhebungen fortgesetzt werden. Inzwischen liegen 23 abgeschlossene Erhebungswellen vor (2009). Die 24. Erhebungswelle fand im Jahr 2010 statt.

Ein wesentlicher Schwerpunkt der Studie ist die sozialwissenschaftliche Begleitung der Befragten auf ihrem Lebensweg, das Nachvollziehen ihres Erlebens der deutschen Wiedervereinigung und der gesamtgesellschaftlichen Transformation in Ostdeutschland (vgl. Förster, 2002; Berth, Förster, Brähler & Stöbel-Richter, 2007; http://www.wiedervereinigung.de/sls). Weitere Forschungen innerhalb der Sächsischen Längsschnittstudie befassen sich u. a. mit den Themen Partnerschaft und Familiengründung (vgl. Stöbel-Richter, 2010; Stöbel-Richter, Kraus & Berth, 2008). Der vorliegende Beitrag gibt einen Überblick der Forschungsergebnisse zum Thema Arbeitslosigkeit und Gesundheit, die bislang in der Sächsischen Längsschnittstudie gewonnen wurden.

An der 23. Welle der Studie (2009) nahmen N= 364 Personen teil, darunter 190 Frauen (52,2%). Das sind 62% derer, die sich im Jahr 1989 zur weiteren Mitarbeit bereit erklärt hatten. Das Durchschnittsalter betrug 36,2 Jahre. 49,4% waren verheiratet, 5,3% geschieden, 10,9% lebten in einer Lebensgemeinschaft, 20,2% waren ledig mit Partner und 14,2% ledig ohne Partner. Die meisten TeilnehmerInnen (72,4%, N= 262) haben Kinder (33,1% ein Kind und 33,4% zwei Kinder). Die berufliche Situation stellt sich wie folgt dar: 50,6% waren Angestellte, 18,0% Arbeiter, 10,2% Selbstständige, 5,2% Beamte, 6,6% zu Hause/in Elternzeit und 5,0% arbeitslos. Die verbliebenen TeilnehmerInnen studierten im Befragungszeitraum oder gingen einer anderen Beschäftigung nach. Von der Untersuchungsgruppe leben mittlerweile 23,2% im Westen Deutschlands (n= 84) und 1,9% (n= 7) im Ausland. Tabelle 1 zeigt ausgewählte Merkmale der Stichprobe von 1987 bis 2009.

Tab. 1: Ausgewählte Merkmale der TeilnehmerInnen der Sächsischen Längs-schnittstudie 1987 bis 2009

Welle (Jahr)	Teilnehmer (N)	Alter (M)	Frauen (%)	Verheiratet (%)	Kinder (%)
1 (1987)	1407	-	47,2	-	-
2 (1988)	1220	-	49,2	-	-
3 (1989)	1281	-	49,6	-	-
4 (1990)	276	-	60,8	-	-
5 (1990)	86	17,5	61,6	-	-
6 (1991)	216	18,2	58,8	-	-
7 (1992)	192	18,9	55,7	-	-
8 (1992)	170	19,5	55,9	1,8	1,8
9 (1993)	232	20,6	53,9	3,4	3,8
10 (1994)	250	21,5	54,4	8,0	-
11 (1995)	316	22,5	53,2	10,1	8,6
12 (1996)	355	23,5	54,1	11,9	13,0
13 (1998)	368	25,1	54,9	19,6	21,5
14 (2000)	398	27,2	53,8	28,1	36,5
15 (2001)	353	28,6	54,1	-	-
16 (2002)	423	29,0	52,6	30,7	43,3
17 (2003)	419	30,1	54,2	35,6	50,5
18 (2004)	418	31,1	53,6	39,2	57,0
19 (2005)	385	32,1	53,4	41,9	61,4
20 (2006)	391	33,2	54,5	44,2	64,6
21 (2007)	383	34,2	54,2	45,1	67,2
22 (2008)	381	35,3	52,8	46,8	69,6
23 (2009)	364	36,2	52,2	49,4	72,4

Anmerkung: Fehlende Angaben: Daten wurden in den jeweiligen Wellen nicht erhoben.

2. Arbeitslosigkeitserfahrungen

Arbeitslosigkeitserfahrungen werden seit 1996 in der Sächsischen Längsschnittstudie detailliert erfasst. Die Frage lautet: „Waren Sie seit der Wende arbeitslos (einschließlich eventueller jetziger Arbeitslosigkeit)?" (Antwortmöglichkeiten: „nein, ja einmal, ja mehrmals"). Dazu wird die Dauer der bislang im Lebenslauf insgesamt kumuliert erlebten Arbeitslosigkeit in Monaten erfasst. Zur Sicherung bzw. Steigerung der Messqualität wird dabei den TeilnehmerInnen jeweils als Erinnerungsstütze mitgeteilt, wie viele Monate erlebter Arbeitslosigkeit sie in der letzten Welle der Studie angegeben hatten (Tabelle 2).

Tab. 2: Arbeitslosigkeitserfahrungen der TeilnehmerInnen der Sächsischen Längsschnittstudie 1996 bis 2009 (Häufigkeit %, Dauer Monate)

Welle (Jahr)	Arbeitslosigkeitserfahrungen (%)			Dauer der erlebten Arbeitslosigkeit (Monate)		
	Einmal	Mehrmals	Gesamt	Männer	Frauen	Gesamt
12 (1996)	32,5	17,2	49,7	4,92	7,80	6,45
13 (1998)	31,8	23,1	54,9	6,91	11,29	9,24
14 (2000)	33,2	25,6	58,8	8,42	11,94	10,22
15 (2001)	-	-	-	-	-	-
16 (2002)	34,0	28,6	62,6	8,39	10,48	9,38
17 (2003)	31,6	32,1	63,6	9,48	11,30	10,48
18 (2004)	31,5	33,9	65,4	9,86	14,12	12,09
19 (2005)	32,9	34,7	67,6	11,32	16,81	14,04
20 (2006)	30,5	40,1	70,5	13,63	19,31	16,63
21 (2007)	31,9	38,8	70,7	13,70	20,70	17,30
22 (2008)	31,7	40,4	72,0	14,46	20,82	17,70
23 (2009)	29,9	41,8	71,7	15,02	24,12	19,76

Anmerkung: Unstimmig erscheinende Angaben (sinkende Prozente/Gesamtdauer) resultieren aus unterschiedlichen Teilnehmerzahlen in verschiedenen Wellen, da nicht immer alle Studienmitglieder auch an jeder der Erhebungen teilgenommen haben

Im Jahre 1996 hatten bereits fast 50% der TeilnehmerInnen Erfahrungen mit ein- oder mehrmaliger Arbeitslosigkeit gemacht. Das mittlere Alter zu diesem Zeitpunkt lag bei ca. 23 Jahren. 2009 gaben knapp 72% der 36-Jährigen an, arbeitslos gewesen zu sein. Die mittlere Dauer der erlebten Arbeitslosigkeit betrug in der Gesamtgruppe 1996 6,45 Monate, im Jahr 2009 19,76 Monate. In allen Wellen gab es große Unterschiede in der erfahrenen Arbeitslosigkeitsdauer zwischen Männern (2009 M= 15,02 Monate, SD= 20,61) und Frauen (2009 M= 24,12 Monate, SD= 33,57). In den nachfolgenden Darstellungen wird meist auf die Häufigkeit von Arbeitslosigkeitserfahrungen (nie, einmal, mehrfach) Bezug genommen. Diese recht einfache Einteilung korrespondiert stark mit der erlebten Gesamtdauer in Monaten.

3. Folgen von Arbeitslosigkeit

Zu den Auswirkungen von Arbeitslosigkeit auf die körperliche Gesundheit liegen in der Sächsischen Längsschnittstudie verschiedene Indikatoren in zahlreichen Erhebungswellen vor, etwa die Häufigkeit von Arztbesuchen, das Ausmaß an subjektiv erlebten Körperbeschwerden (gemessen u. a. mit dem Gießener Beschwerdebogen GBB-24) oder auch die Häufigkeit von Alkohol- und Nikotinkonsum (vgl. u. a. Berth, Förster & Brähler, 2003, 2005). In Abbildung 1 sind die Daten zur subjektiv wahrgenommenen Gesundheit in Abhängigkeit von Arbeitslosigkeitserfahrungen dargestellt. Der subjektive Gesundheitszustand wurde mittels eines Items erhoben („Wie würden Sie Ihren gegenwärtigen Gesundheitszustand beschreiben?" – Antwortmöglichkeiten: „sehr gut", „gut", „zufriedenstellend", „weniger gut", „schlecht"). Diese Frage erwies sich verschiedentlich als zuverlässiger Indikator für Gesundheit (Helmert, 2002).

In allen dargestellten Erhebungswellen der Sächsischen Längsschnittstudie zeigt sich ein einheitliches Bild: Von den Personen mit mehrfachen Arbeitslosigkeitserfahrungen nehmen deutlich weniger ihren Gesundheitszustand als „gut" bzw. „sehr gut" wahr als Personen mit einmaliger bzw. keinen Arbeitslosigkeitserfahrungen ($p < 0.05$). Mit anderen Worten schätzen mehrfach Arbeitslose ihren Gesundheitszustand als schlechter ein. Unterschiede zwischen den Gruppen „nie" bzw. „einmalige Arbeitslosigkeitserfahrungen" sind nicht in allen Erhebungswellen festzustellen.

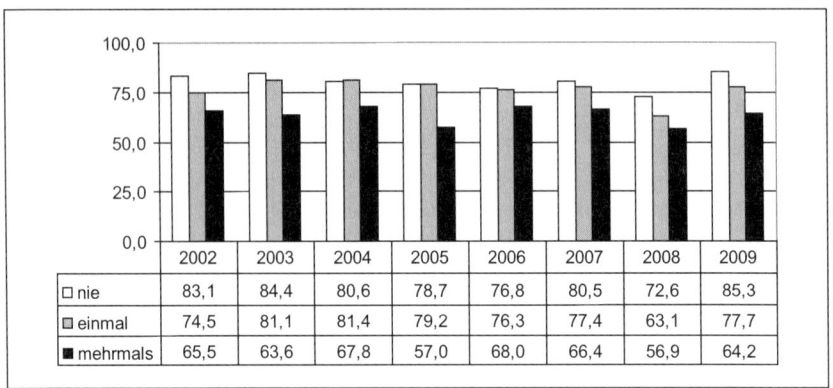

	2002	2003	2004	2005	2006	2007	2008	2009
□ nie	83,1	84,4	80,6	78,7	76,8	80,5	72,6	85,3
▨ einmal	74,5	81,1	81,4	79,2	76,3	77,4	63,1	77,7
■ mehrmals	65,5	63,6	67,8	57,0	68,0	66,4	56,9	64,2

Abb. 1: Arbeitslosigkeitserfahrungen und selbsteingeschätzter Gesundheitszustand 2002 bis 2009 (Einschätzung als "gut/sehr gut" in %)

Zahlreiche Studien zum Thema Arbeitslosigkeit und Gesundheit zeigten, dass die psychischen Auswirkungen von Arbeitslosigkeit oft deutlicher und gravierender sind als die körperlichen Folgen (vgl. z.B. die Überblicke von Hollederer & Brand, 2006; Kastner, Hagemann & Kliesch, 2005; McKee-Ryan, Song, Wanberg & Kinicki, 2005; Kieselbach, Winefield, Boyd & Anderson, 2006). Daher wurde auch in der Sächsischen Längsschnittstudie besonderer Wert auf die Erfassung der psychischen Folgen gelegt. In Tabelle 3 sind exemplarisch die Ergebnisse der Hospital Anxiety and Depression Scale HADS (Herrmann, Buss & Snaith, 1995) in Zusammenhang mit Arbeitslosigkeitserfahrungen dargestellt. Die HADS ist ein zuverlässiges und messgenaues Fragebogeninstrument zur Selbsteinschätzung von Ängstlichkeit und Depressivität bei Erwachsenen mit 14 Items.
Für die Skala Ängstlichkeit der HADS finden sich nur in der Erhebung 2002 signifikante Unterschiede zwischen den Gruppen mit unterschiedlichen Arbeitslosigkeitserfahrungen (p< .05), nicht aber in den späteren Wellen. Personen, die mehrfach arbeitslos waren, gaben 2002 mehr Ängste an. In der Skala Depressivität zeigen sich zu allen vier dargestellten Erhebungszeitpunkten signifikante Unterschiede. Es sind wiederum die mehrfach arbeitslosen Befragten, die die meisten depressiven Symptome angaben. Diese Muster (deutlicher ausgeprägte psychische Beanspruchung der mehrfach bzw. der lang andauernd arbeitslosen Personen) zeigen sich in nahezu allen in der Sächsischen Längsschnittstudie abgefragten Berei-

Tab. 3: Ängstlichkeit und Depressivität (HADS) in Abhängigkeit von den Arbeitslosigkeitserfahrungen 2002 bis 2008 (M, (SD), varianzanalytische Prüfgrößen zur Unterschiedsmessung in den Gruppen)

	Arbeitslosigkeitserfahrungen			
Depressivität	nie	einmal	mehrmals	Varianzanalyse
2002	3,47 (2,86)	3,67 (2,69)	4,98 (3,00)	F(df=2)=10,68, p<.001
2004	3,75 (3,10)	4,21 (3,19)	5,58 (3,66)	F(df=2)=11,38, p<.001
2006	3,61 (2,89)	3,83 (3,49)	4,69 (3,27)	F(df=2)=4,28, p<.05
2008	3,73 (2,77)	4,55 (3,32)	4,83 (3,67)	F(df=2)=3,19, p<.05
Ängstlichkeit				
2002	6,24 (3,16)	6,13 (3,00)	7,44 (3,32)	F(df=2)=6,74, p<.001
2004	5,53 (3,57)	5,67 (3,09)	6,30 (3,74)	F(df=2)=1,93, p>.05
2006	5,36 (3,29)	5,16 (3,50)	5,81 (3,52)	F(df=2)=1,28, p>.05
2008	5,95 (3,61)	6,30 (3,61)	5,92 (3,77)	F(df=2)=0,37, p>.05

chen und eingesetzten Instrumenten, z.b. bezüglich der allgemeinen psychischen Beanspruchung (Distress, vgl. Berth, Förster, Stöbel-Richter, Balck & Brähler, 2006) oder auch der Lebenszufriedenheit (vgl. Berth, Förster & Brähler, 2005).

Neben ökonomischen Folgen, wie etwa einem deutlich geringeren Einkommen in Abhängigkeit von Arbeitslosigkeitserfahrungen und -dauer (vgl. Berth, Förster, Brähler & Stöbel-Richter, 2010), lassen sich auch Auswirkungen von erlebter Arbeitslosigkeit auf zahlreiche Bewertungen, Einstellungen und Meinungen zeigen, die sich nicht eindeutig den bereits dargestellten körperlichen oder psychischen Begleiterscheinungen zuordnen lassen. So gehen Arbeitslosigkeitserfahrungen einher mit einer wesentlich kritischeren Einschätzung der deutschen Wiedervereinigung, mit mehr Ängsten (z.b. vor der Verteuerung des Lebens, vor Armut im Alter, vor weiteren Reformen der Regierung) oder auch mit einer deutlich pessimistischeren Einschätzung der Zukunftsperspektiven sowohl für sich selbst als auch für die eigenen Kinder (vgl. Förster, Brähler, Stöbel-Richter & Berth, 2008).

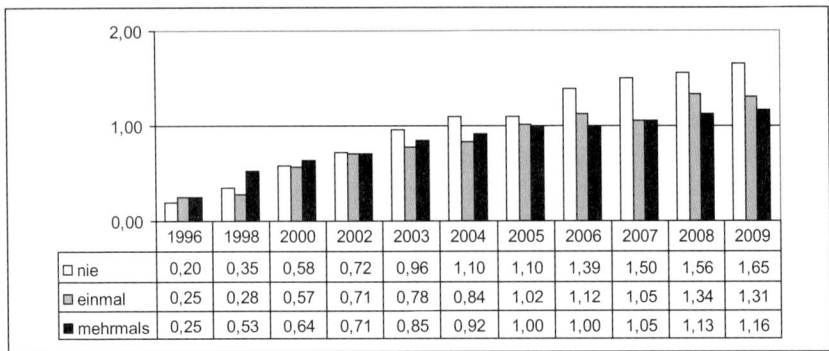

	1996	1998	2000	2002	2003	2004	2005	2006	2007	2008	2009
☐ nie	0,20	0,35	0,58	0,72	0,96	1,10	1,10	1,39	1,50	1,56	1,65
☐ einmal	0,25	0,28	0,57	0,71	0,78	0,84	1,02	1,12	1,05	1,34	1,31
■ mehrmals	0,25	0,53	0,64	0,71	0,85	0,92	1,00	1,00	1,05	1,13	1,16

Abb. 2: Anzahl der Kinder bei weiblichen Befragten nach Arbeitslosigkeitserfahrungen 1996 bis 2009

In Abbildung 2 ist dargestellt, wie viele Kinder die weiblichen Befragten der Sächsischen Längsschnittstudie haben, aufgeschlüsselt wiederum nach den Arbeitslosigkeitserfahrungen.

Zu Beginn der detaillierten Erhebung der Arbeitslosigkeitserfahrungen 1996 (Alter der Teilnehmerinnen ca. 23 Jahre) gibt es keine signifikanten Unterschiede bzgl. der Anzahl der Kinder zwischen den Gruppen mit unterschiedlichen Arbeitslosigkeitserfahrungen. Die Anzahl an Kindern in der Gruppe mit mehrfach erlebter Arbeitslosigkeit ist sogar (bis 2002) etwas höher. Seit dem Jahr 2006, die Teilnehmerinnen waren etwa 33 Jahre, finden sich stets signifikante Unterschiede ($p < 0.05$): Die meisten Kinder haben seitdem die Frauen bekommen, die niemals arbeitslos waren. Die Erfahrung von Arbeitslosigkeit wirkt sich somit erst ab einem mittleren Lebensalter (> 30 Jahre) auf die Anzahl von Kindern aus.

4. Ursachen und Wechselwirkungen

Wir haben exemplarisch festgestellt, welche körperlichen, psychischen und sozialen Auswirkungen Arbeitslosigkeit auf die TeilnehmerInnen der Sächsischen Längsschnittstudie hat. Für die Erklärung des Zusammenhangs von Arbeitslosigkeit und Gesundheit werden zwei gegensätzliche Hypothesen herangezogen (vgl. Brähler, Laubach & Stöbel-Richter, 2002; Hollederer, 2008): Die Kausalitäts- und die Selektionshypothese. Die Kausalitätshypothese besagt, dass der Eintritt von Arbeitslosigkeit ursächlich zu den genannten negativen psychischen und physischen Folgen, zu Krankheit und sogar Tod führen kann (z.b. Grobe & Schwartz, 2003). Die Kausalität kann einerseits direkt auftreten, andererseits aber auch indirekt als Folge eines geänderten Verhaltens, so zum Beispiel durch einen höheren Nikotin- und Alkoholkonsum oder durch sozioökonomische Belastungen, wie etwa finanzielle Probleme. Die Selektionshypothese hingegen postuliert, dass Arbeitslosigkeit als Folge eines schlechten Gesundheitszustandes eintritt. Personen, die häufiger und länger krank sind, werden eher arbeitslos und bleiben dies auch länger als gesündere Personen. Für beide Hypothesen fanden sich in Studien Belege (vgl. die Meta-Analysen von Paul & Moser, 2009).

Die Sächsische Längsschnittstudie kann als Langzeitstudie ebenfalls herangezogen werden, um derartige Selektionsmechanismen zu untersuchen. Dabei darf nicht vergessen werden, dass die TeilnehmerInnen ihre Berufsausbildung Anfang der 90er Jahre absolvierten und dann in den von extremen Verwerfungen und Umstrukturierungen gekennzeichneten Arbeitsmarkt Ostdeutschlands eintraten. Die dargestellten Arbeitslosigkeitserfahrungen weisen auf den schwierigen Start ins Berufsleben hin. Hauptsächlich aus Gründen der Arbeitssuche sind daher mittlerweile 25% in die alten Bundesländer oder ins Ausland umgezogen (vgl. Berth, Förster & Brähler, 2004). Diese Teilstichprobe wird auch weiterhin befragt, zum Teil mit eigenen Fragestellungen, die die Erfahrungen der „Migration" beleuchten.

4.1   Der Einfluss der Schulbildung

Die TeilnehmerInnen haben 1989 als letzter Jahrgang die allgemeinbildende polytechnische Oberschule in der DDR (POS) mit dem Abschluss 10. Klasse verlassen. Ihre Berufsausbildung haben sie unter den Bedingungen des wiedervereinigten Deutschlands absolviert. Aus den Jahren 1987 bis 1989 liegen die Schulnoten der TeilnehmerInnen vor. Diese Noten, sowohl für einzelne Fächer als auch eine zusammengefasste Gesamtnote, stehen in deutlichem Zusammenhang mit der viele Jahre später erhobenen Arbeitslosigkeit (vgl. Berth, Förster, Brähler, Balck & Stöbel-Richter, 2008). Bis 1996 waren nur 18,8% der sehr guten Schüler (Gesamtnote 1) arbeitslos gewesen, von den Schülern mit geringem Schulerfolg (Note 4 oder schlechter) aber bereits 83,3%. Ab dem Jahr 2005 waren alle (100%) der ehemaligen Schüler mit schlechten Noten mindestens einmal von Arbeitslosigkeit betroffen, aber auch bei den sehr guten Schülern waren es dann über 50%, die mindestens einmal arbeitslos waren. Eine Gesamtnote 3 oder schlechter am Ende der 10. Klasse 1989 erhöhte das Risiko, 2005 arbeitslos gewesen zu sein, um den Faktor 3,85 (Relatives Risiko (OR), 95% CI 2,14-6,94). Auch die weitere Berufsausbildung spielt eine Rolle. Personen, die nicht studiert haben, hatten ein 1,77-fach höheres Risiko, arbeitslos zu werden (OR, 95% CI 1,11-2,79). Dieses Ergebnis ist auch vor dem Hintergrund der aktuellen Diskussion um Zuwanderung und Mangel an qualifizierten Fachkräften von Bedeutung.

4.2 Der Einfluss psychischer Beanspruchung im Jugendalter

Das Risiko, im Lebensverlauf arbeitslos zu werden, steht ebenfalls im Zusammenhang mit der psychischen Beanspruchung im Jugendalter (vgl. Berth, Förster, Stöbel-Richter, Balck & Brähler, 2006). Seit 1991 wird die allgemeine psychische Beanspruchung (Distress) der TeilnehmerInnen der Sächsischen Längsschnittstudie mit einem 4-Item-Screening-Instrument, dem sogenannten D-Score, gemessen (vgl. Berth et al., 2006). Im Jahre 1991 waren die TeilnehmerInnen ca. 18 Jahre alt, der D-Score zeigte hier eine relativ hohe Ausprägung (M= 1,53). Er nahm im weiteren Lebensverlauf ab (2002 M= 1,02; 2009 M= 1,02). Der Beanspruchungswert des Jahres 1991 steht in Zusammenhang mit der Dauer der erlebten Arbeitslosigkeit 2006 (Korrelation r= .29, p< 0.05). Das relative Risiko (OR), bis 2006 arbeitslos gewesen zu sein, ist für Personen mit einem 1991, d.h. 15 Jahre vorher erhobenen, erhöhten Beanspruchungswert um den Faktor 2,79 größer (95% CI 1,42-5,49).

4.3 Der Einfluss elterlicher Arbeitslosigkeitserfahrungen

Neben der von den TeilnehmerInnen selbst erlebten Arbeitslosigkeit wurde in einzelnen Wellen der Sächsischen Längsschnittstudie auch die Arbeitslosigkeit des Partners/der Partnerin und der Eltern erfasst. Arbeitslosigkeitserfahrungen sind auch bei den Eltern der TeilnehmerInnen sehr häufig. 1992 waren 36,7% und 2004 bereits 58,6% davon betroffen (vgl. Berth, Förster, Petrowski, Hinz, Balck, Brähler & Stöbel-Richter, 2010). Die Angaben zur eigenen und zur elterlichen Arbeitslosigkeit lassen sich miteinander in Beziehung setzen. Diese Daten sagen etwas über mögliche soziale Vererbung von Arbeitslosigkeit aus (vgl. Sleskova, Salonna, Madarasova, Geckova, Nagyova, Stewart, van Dijk & Groothoff, 2006; Grande, in diesem Band). In fast allen Wellen bestehen signifikante Unterschiede in der Arbeitslosigkeit der TeilnehmerInnen in Abhängigkeit von der Arbeitslosigkeit der Eltern. Der Trend ist eindeutig: Wenn die Eltern arbeitslos waren, sind auch die Kinder häufiger betroffen. So waren bis 1996 schon 58,5% der TeilnehmerInnen mit arbeitslosen Eltern, aber nur 45,3% der TeilnehmerInnen mit nichtarbeitslosen Eltern selbst mindestens einmal arbeitslos. 2008 betrug dieses Verhältnis 78,5% zu 65,3%. Dies drückt sich auch im relativen Risiko (Odds Ratio) aus: Die elterliche Arbeitslosigkeit erhöht das Risiko, selbst arbeitslos zu werden, um den Faktor 1,7 (1996, 95 % CI 1,09-2,66) bis um den Faktor 2,3 (2000, 95% CI 1,41-3,80). Gemittelt über alle Wellen seit 1996 beträgt die Odds Ratio 1,92.

4.4   Kausalität und Selektion

Somit finden sich neben den geschilderten Kausalfolgen von Arbeitslosigkeit in der Sächsischen Längsschnittstudie auch deutliche Hinweise auf Selektionseffekte, hier exemplarisch dargestellt anhand der Schulnoten, der Beanspruchung im Jugendalter und der elterlichen Arbeitslosigkeit. Insgesamt gesehen werden damit die Ergebnisse anderer Studien bestätigt, wonach sowohl Kausalität als auch Selektion relevant sind. Es wurde daher vorgeschlagen (z.B. Hollederer, 2008), dieses als Wechselspiel beider Mechanismen im Sinne eines Teufelskreises zu sehen: Gesundheitlich beeinträchtigte und sozial benachteiligte Personen haben ein höheres Risiko, arbeitslos zu werden. Wenn Arbeitslosigkeit eintritt, wirkt sich dies zusätzlich negativ auf Gesundheit u. a. aus. Diese negativen Auswirkungen führen dazu, dass die Chancen, wieder ins Arbeitsleben einzusteigen, reduziert werden.

In unseren Analysen konnten wir zeigen, dass die Gruppe derer, die von Arbeitslosigkeit betroffen war, im Mittel in vielen untersuchten Bereichen beeinträchtigt war, sowohl in Bezug auf die körperliche und seelische Gesundheit als auch in zahlreichen negativen Einschätzungen und Meinungen. Jedoch gibt es nicht per se „den" Arbeitslosen. Die individuelle Verarbeitung von Arbeitslosigkeitserfahrungen fällt deutlich unterschiedlich aus. So gibt es Personen, die mit Zeiten von Arbeitslosigkeit sehr gut zurechtkommen, während andere stärker darunter leiden. Einflussfaktoren sind u.a. das Lebensalter, das Geschlecht, die finanziellen Ressourcen, die Bildung/berufliche Qualifikation, die Kausalattributionen, die soziale Unterstützung, die gesundheitlichen Beeinträchtigungen, das Gesundheitsverhalten, das Arbeitssuchverhalten und sonstige Aktivitäten (Weber, Hörmann & Heipertz, 2007). Dieser Blick auf die individuellen Ressourcen und das Coping in Bezug auf das Ereignis Arbeitslosigkeit kommt bei statistischen Untersuchungen auf Gruppenebene zwangsläufig oft zu kurz. Er ist jedoch wichtig, wenn man etwa über Präventionsprogramme nachdenkt. In der Sächsischen Längsschnittstudie gab es daher einige Analysen, die sich damit beschäftigten, welche individuellen psychischen und sozialen Einflussfaktoren sich möglicherweise auf das Erleben und die Verarbeitung von Arbeitslosigkeit auswirken.

Für die Entwicklung von Interventionsmaßnahmen ist – über die bislang dargestellten Inhalte hinaus – die Frage relevant, welche individuellen psychischen und sozialen Einflussfaktoren sich möglicherweise auf das Erleben und die Verarbeitung von Arbeitslosigkeit auswirken. In der Literatur wurde berichtet, dass es Unterschiede zwischen Männern und Frauen in der Verarbeitung von Arbeitslosigkeit gibt (z.B. Kieselbach & Bellmann, 2006). Männer leiden demnach oftmals mehr unter Arbeitslosigkeit, da sie anders als Frauen weniger auf alternative Rollen, wie etwa Kindererziehung, zurückgreifen wollen und oftmals auch als Haupternährer der Familie fungieren (z.B. Grobe & Schwartz, 2003). Dies konnten wir im direkten statistischen Vergleich der Fragebogenwerte von Männern und Frauen in der Sächsischen Längsschnittstudie nicht zeigen (vgl. Berth, Förster, Petrowski, Stöbel-Richter & Balck, 2006), was evtl. daran liegt, dass Arbeitslosigkeit hier ein kollektives Gesamterlebnis ist und deren Dauer, wie dargestellt, bei Frauen ein deutlich höheres Niveau als bei Männern aufweist. Des Weiteren ist davon auszugehen, dass auch die bis zum Alter von 16 Jahren erlebte Sozialisation in der DDR einen Einfluss ausübt. Hier war es üblich, dass Männer und Frauen gleichermaßen berufstätig waren und berufsspezifische Rollenbilder häufig geschlechtsunabhängig vorgelebt wurden. Daher können weibliche Rollenvorstellungen im Vergleich zu denen in den westdeutschen Ländern („male breadwinner – female homemaker model") durchaus differieren. Diese Rollennormen und Leitbilder sind nach wie vor nachweisbar vorhanden (vgl. Stöbel-Richter, 2010) und könnten in der Konsequenz dazu geführt haben, dass die Belastung durch individuell erfahrene Arbeitslosigkeit bei den Frauen ein ähnliches Ausmaß wie bei den Männern annimmt.

Geprüft wurde ebenfalls der Einfluss von Persönlichkeitseigenschaften, den sogenannten Big Five, auf die psychische Beanspruchung (Berth, Förster, Brähler, Zenger & Stöbel-Richter, 2010). In einer logistischen Regression erwies sich neben dem Geschlecht und der Dauer der insgesamt erlebten Arbeitslosigkeit nur der Faktor Neurotizismus („emotionale Labilität") als Prädiktor für die globale psychische Beanspruchung. Die anderen Persönlichkeitsdimensionen (Offenheit für Erfahrungen, Gewissenhaftigkeit, Verträglichkeit und Extraversion) wirkten sich nicht signifikant aus.

Weitere Faktoren auf das Erleben von Arbeitslosigkeitserfahrungen, deren Einfluss auch anhand der Daten der Sächsischen Längsschnittstudie gezeigt werden konnte, waren etwa die Dauer der insgesamt erlebten Arbeitslosigkeit (Berth, Förster, Balck, Brähler & Stöbel-Richter, 2008) und das zur Verfügung stehende Einkommen (Berth, Förster, Brähler & Stöbel-Richter, 2010). Je länger die eigene Arbeitslosigkeit erlebt wurde und je geringer die finanziellen Ressourcen sind, umso negativer wirkt sich Arbeitslosigkeit auf die soziale, physische und psychische Gesundheit aus. Mittlerweile gibt es Belege, dass auch nach Wiedereintritt ins Berufsleben die psychischen Folgen der erlebten Arbeitslosigkeit im negativen Sinne über Jahre hinweg nachweisbar sind (Lucas, Clark, Georgellis & Diener, 2004). Einschränkungen in der psychischen Gesundheit sowie eine geringere Lebenszufriedenheit lassen sich sogar noch im Rentenalter bei denjenigen Personen zeigen, die während ihres Berufslebens von mehrmaliger Arbeitslosigkeit betroffen waren (Zenger, Brähler, Berth & Stöbel-Richter, 2010).

5.   Diskussion

„Ich bin seit dem 3-jährigen Erziehungsurlaub mit meinem Sohn arbeitslos. Anfangs habe ich das nicht für so schlimm betrachtet, ich habe ja eine gute Ausbildung und Berufserfahrung,

zum Ende sogar den Job einer Chefsekretärin ausgeführt. Im Laufe der Zeit ist es aber schon schlimm, es gibt einfach keine Arbeit. Und wenn, dann ist ein Kind mit vorgeschriebenen Kindergartenzeiten voll der Klotz am Bein. ... Mittlerweile bemühe ich mich sogar um Putzjobs ... Auf die Hilfe vom Arbeitsamt kann man verzichten, die schikanieren einen sogar noch!" (Zitat Studienteilnehmerin).

Die Daten einer einzigartigen Studie aus Sachsen, die wir hier vorgestellt haben, zeigen, dass Arbeitslosigkeitserfahrungen für junge Ostdeutsche (Geburtsjahrgang 1973) eher ein normales Erlebnis als eine Ausnahme sind, mehr als 70% der TeilnehmerInnen waren bislang ein- oder mehrmals betroffen. Die Sächsische Längsschnittstudie ist eine der zurzeit am längsten laufenden sozialwissenschaftlichen Langzeitstudien weltweit. Die naturgemäß im Laufe der Jahre zurückgegangenen Teilnehmerzahlen sind immer noch ausreichend, um die Aussagekraft der Ergebnisse zu gewährleisten. Es ist die einzige Studie, in der in dieser Art und Weise der Analyseschwerpunkt auf das Erleben der ostdeutschen Transformation durch eine einheitliche Gruppe ostdeutscher Befragter gelegt ist. Seit dem Jahr 2002 steht auch das Thema „Arbeitslosigkeit und Gesundheit" im Zentrum des Forschungsinteresses. Es liegen kaum vergleichbare Daten zur Entwicklung von Arbeitslosigkeit und deren Folgen in einer Stichprobe über einen derart langen Zeitraum vor. Großer Vorteil dieser Langzeiterhebung ist u. a., dass Arbeitslosigkeitszeiten jeweils jährlich erfragt wurden. Die Möglichkeit des „Vergessens" durch die Befragten ist damit gering und zudem anhand von Angaben aus früheren Wellen korrigierbar.

Die Daten unterstreichen die aus der Literatur (z.B. Hollederer & Brand, 2006) seit langem bekannten Fakten, z.B.: a) Arbeitslosigkeit wirkt sich gesundheitlich negativ auf die Betroffenen aus, b) die psychischen Auswirkungen sind deutlicher und ausgeprägter als die physischen, c) diese negativen Folgen steigen mit zunehmender Dauer der insgesamt erlebten Arbeitslosigkeit, d) es gibt Faktoren, die das Risiko, arbeitslos zu werden, erhöhen, z.B. eine schlechtere Schulbildung, die Arbeitslosigkeit der Eltern oder ein negativeres psychisches Befinden, e) die individuelle Verarbeitung von Arbeitslosigkeit wird beeinflusst z.B. von Persönlichkeitsmerkmalen (Neurotizismus) oder auch dem zur Verfügung stehenden Einkommen.

Trotz der umfangreich vorhandenen Erkenntnisse sind weitere Forschungen zum Thema Arbeitslosigkeit und Gesundheit wichtig, um davon ausgehend Präventionsprogramme oder Trainingsmaßnahmen (für eine Übersicht s. Hollederer, 2009) entwickeln zu können. Die Daten zur psychosozialen Versorgung aus der Sächsischen Längsschnittstudie zeigen, dass der objektive Bedarf (Ausmaß an psychischer Beanspruchung) bei Personen mit Arbeitslosigkeitserfahrungen, verglichen mit Personen ohne solche Erfahrungen, am höchsten ist. Subjektiv wird der Bedarf nach professioneller psychosozialer Begleitung durch die TeilnehmerInnen mit Arbeitslosigkeitserfahrungen jedoch nicht wahrgenommen (Berth, Förster, Balck, Brähler & Stöbel-Richter, 2008).

Abschließend ist kritisch darauf hinzuweisen, dass es sich bei den TeilnehmerInnen der Sächsischen Längsschnittstudie um ein verhältnismäßig kleines, nichtrepräsentatives Sample relativ junger Ostdeutscher handelt. Das Qualifikationsniveau ist als hoch einzuschätzen, die deutliche Mehrheit hatte dennoch bereits Erfahrungen mit ein- oder mehrmaliger Arbeitslosigkeit. Etwa ein Viertel der Stichprobe hat die neuen Länder zumeist aufgrund der Arbeitsplatzsuche verlassen. Daher können die Ergebnisse auf die alten Bundesländer oder auch andere Alterskohorten nicht ohne weiteres übertragen werden. Die Rekrutierung in den auch heute noch stark industriell geprägten Ballungsräumen Karl-Marx-Stadt (jetzt Chemnitz) und Leipzig erschwert die Verallgemeinerbarkeit darüber hinaus auf andere ostdeutsche Regionen. Es ist dennoch davon auszugehen, dass sich die Folgen langandauernder Arbeitslosigkeit ganz ähnlich auch bei Westdeutschen, älteren Personen oder gering Qualifizierten finden ließen. Dabei ist die schwierige ökonomische Situation in den neuen Ländern mit der nahezu doppelt so hohen Arbeitslosigkeit, verglichen mit den alten Bundesländern, zu beachten.

Die Studie wurde 1987 nicht als Arbeitslosigkeitsuntersuchung konzipiert, weshalb viele mögliche Einflussfaktoren auf Arbeitslosigkeitserleben nicht kontrolliert werden konnten. Gerade in der Arbeitslosigkeitsforschung sollten jedoch möglichst viele Variablen betrachtet werden, da die Zusammenhänge zwischen Arbeitslosigkeit und Gesundheit oft durch viele verschiedene Einflussfaktoren bedingt sind (Beland, Birch & Stoddart, 2002). Weiterhin sind insbesondere in den ersten Wellen der Studie einige aus heutiger Sicht interessante Angaben zum Themenfeld Arbeitslosigkeit und Gesundheit nicht erfragt worden, sodass Baseline-Daten fehlen. Dies betrifft etwa den Gesundheitszustand und das psychische Befinden zu Beginn der Studie oder den sozialen Status. Weiterhin sind die beruflichen Werdegänge der TeilnehmerInnen nicht lückenlos dokumentiert (z.b. Qualifikationen).

Die Sächsische Längsschnittstudie soll auch unter dem Schwerpunkt Arbeitslosigkeit und Gesundheit möglichst lange fortgesetzt werden. Es existieren noch zahlreiche offene Forschungsfragen, für die sich diese Studie anbietet. Solche Themen sind z.b. die „Vererbung" von Arbeitslosigkeit an die Kinder der TeilnehmerInnen; der Stellenwert von Protektivfaktoren, die vor Arbeitslosigkeit schützen; die Analyse von Faktoren, die den individuellen (positiven) Umgang mit Arbeitslosigkeit beeinflussen sowie die Auswirkungen lang andauernder Arbeitslosigkeit auf Morbidität und Mortalität im höheren Lebensalter.

Literatur

Beland, F., Birch, S. & Stoddart, G. (2002). Unemployment and health: contextual level influences on the production of health in populations. Social Science & Medicine, 55, 2033-2052.

Berth, H., Förster, P. & Brähler, E. (2003). Gesundheitsfolgen von Arbeitslosigkeit und Arbeitsplatzunsicherheit bei jungen Erwachsenen. Das Gesundheitswesen, 10, 555-560.

Berth, H., Förster, P. & Brähler, E. (2004). Psychosoziale Folgen einer Migration aus den neuen in die alten Bundesländer. Ergebnisse einer Längsschnittstudie. psychosozial, 26, 81-95.

Berth, H., Förster, P. & Brähler, E. (2005). Arbeitslosigkeit, Arbeitsplatzunsicherheit und Lebenszufriedenheit. Ergebnisse einer Studie bei jungen Erwachsenen in den neuen Bundesländern. Sozial- und Präventivmedizin, 50, 361-369.

Berth, H., Förster, P., Balck, F., Brähler, E. & Stöbel-Richter, Y. (2005). Arbeitslosigkeit, Selbstwirksamkeitserwartung, Beschwerdeerleben. Ergebnisse einer Studie bei jungen Erwachsenen. Zeitschrift für Klinische Psychologie, Psychiatrie und Psychotherapie, 53, 328-341.

Berth, H., Förster, P., Balck, F., Brähler, E. & Stöbel-Richter, Y. (2008). Was bedeutet Langzeitarbeitslosigkeit für junge Erwachsene? Ergebnisse der Sächsischen Längsschnittstudie. Verhaltenstherapie & Psychosoziale Praxis, 40, 87-97.

Berth, H., Förster, P., Balck, F., Brähler, E. & Stöbel-Richter, Y. (2008). Arbeitslosigkeitserfahrungen, Arbeitsplatzunsicherheit und der Bedarf an psychosozialer Versorgung. Das Gesundheitswesen, 70, 289-294.

Berth, H., Förster, P., Brähler, E. & Stöbel-Richter, Y. (2007). Einheitslust und Einheitsfrust. Junge Ostdeutsche auf dem Weg vom DDR- zum Bundesbürger. Eine sozialwissenschaftliche Längsschnittstudie von 1987-2006. Gießen: Psychosozial-Verlag.

Berth, H., Förster, P., Brähler, E. & Stöbel-Richter, Y. (2010). Armut, Arbeitslosigkeit und Gesundheit bei jungen Ostdeutschen. Ergebnisse aus 20 Jahren Sächsische Längsschnittstudie. In Gesundheit Berlin-Brandenburg (Hrsg.), Dokumentation 15. Kongress Armut und Gesundheit – Ethik im Spannungsfeld und Satellitenveranstaltung „Global – Gerecht – Gesund". Berlin: Gesundheit Berlin-Brandenburg e. V.

Berth, H., Förster, P., Brähler, E., Balck, F. & Stöbel-Richter, Y. (2008). Schulnoten, Berufsbiographie und Arbeitslosigkeit. Ergebnisse der Sächsischen Längsschnittstudie. In P. Genkova (Hrsg.), Erfolgreich durch Schlüsselqualifikationen? „Heimliche Lehrpläne" und Basiskompetenzen im Zeichen der Globalisierung (S. 265-277). Lengerich: Pabst Science Publishers.

Berth, H., Förster, P., Brähler, E., Zenger, M. & Stöbel-Richter, Y. (2010). Persönlichkeitseigenschaften und die psychische Verarbeitung von Arbeitslosigkeit. In H. Berth (Hrsg.), Psychologie und Medizin – Traumpaar oder Vernunftehe? Festschrift für Prof. Dr. Friedrich Balck zum 65. Geburtstag (S. 219-230). Lengerich: Pabst Science Publishers.

Berth, H., Förster, P., Petrowski, K., Hinz, A., Balck, F., Brähler, E. & Stöbel-Richter, Y. (2010). Vererbt sich Arbeitslosigkeit? Zeitschrift für Psychotraumatologie, Psychotherapiewissenschaft, Psychologische Medizin, 8, 35-43.

Berth, H., Förster, P., Petrowski, K., Stöbel-Richter, Y. & Balck, F. (2006). Geschlechterdifferenzen in den Gesundheitsfolgen von Arbeitslosigkeit. Ergebnisse der Sächsischen Längsschnittstudie. In A. Hinz & O. Decker (Hrsg.), Gesundheit im gesellschaftlichen Wandel. Altersspezifik und Geschlechterrollen (S. 78-92). Gießen: Psychosozial-Verlag.

Berth, H., Förster, P., Stöbel-Richter, Y., Balck, F. & Brähler, E. (2006). Arbeitslosigkeit und psychische Belastung. Ergebnisse einer Längsschnittstudie 1991 bis 2004. Zeitschrift für Medizinische Psychologie, 15, 111-116.

Brähler, E., Laubach, W. & Stöbel-Richter, Y. (2002). Belastung und Befindlichkeit von Arbeitslosen in Deutschland. In J. Schumacher, K. Reschke & H. Schröder (Hrsg.), Mensch unter Belastung (S. 201-214). Frankfurt am Main: VAS.

Förster, P. (2002). Junge Ostdeutsche auf der Suche nach der Freiheit. Eine systemübergreifende Längsschnittstudie zum politischen Mentalitätswandel vor und nach der Wende. Opladen: Leske + Budrich.

Förster, P., Brähler, E., Stöbel-Richter, Y. & Berth, H. (2008). Die „Wunde Arbeitslosigkeit": Junge Ostdeutsche, Jg. 1973. Aus Politik und Zeitgeschichte, 40-41, 33-43.

Friedrich, W., Förster, P. & Starke, K. (Hrsg.) (1999). Das Zentralinstitut für Jugendforschung Leipzig 1966-1990. Geschichte – Methoden – Erkenntnisse. Berlin: Edition Ost.

Grobe, T.G. & Schwartz, F. W. (2003). Arbeitslosigkeit und Gesundheit. Gesundheitsberichterstattung des Bundes Heft 13. Berlin: Robert-Koch-Institut.

Helmert, U. (2002). Subjektive Einschätzung der Gesundheit und Mortalitätsentwicklung. Das Gesundheitswesen, 65, 47-54.

Herrmann, C., Buss, U. & Snaith, R. P. (1995). Hospital Anxiety and Depression Scale – Deutsche Version. Ein Fragebogen zur Erfassung von Angst und Depressivität in der somatischen Medizin. Bern: Huber.

Hollederer, A. & Brand, H. (Hrsg.) (2006). Arbeitslosigkeit, Gesundheit und Krankheit. Bern: Huber.

Hollederer, A. (2008). Psychische Gesundheit im Fall von Arbeitslosigkeit. Praktische Arbeitsmedizin, 12, 29-32.

Hollederer, A. (Hrsg.) (2009). Gesundheit von Arbeitslosen fördern! Ein Handbuch für Wissenschaft und Praxis. Bielefeld: Fachhochschulverlag.

Kastner, M., Hagemann, T. & Kliesch, G. (Hrsg.) (2005). Arbeitslosigkeit und Gesundheit. Arbeitsmarktintegrierte Gesundheitsförderung. Lengerich: Pabst Science Publishers.

Kieselbach, T. & Beelmann, G. (2006). Arbeitslosigkeit und Gesundheit: Stand der Forschung. In A. Hollederer & H. Brand (Hrsg.), Arbeitslosigkeit, Gesundheit und Krankheit (S. 13-31). Bern: Huber.

Kieselbach, T., Winefield, A. H., Boyd, C. & Anderson, S. (Eds.) (2006). Unemployment and Health. International and interdisciplinary perspectives. Bowen Hills: Australian Academic Press.

Lucas, R. E., Clark, A. E., Georgellis, Y. & Diener, E. (2004). Unemployment alters the set point for life satisfaction. Psychological Science, 15, 8-13.

McKee-Ryan, F. M., Song, Z., Wanberg, C. R. & Kinicki, A. J. (2005). Psychological and physical well-being during unemployment: A meta-analytic study. Journal of Applied Psychology, 90, 53-76.

Paul, K. I. & Moser, K. (2009). Unemployment impairs mental health: Meta-analyses. Journal of Vocational Behavior, 74, 264-282.

Sleskova, M., Salonna, F., Madarasova, A., Geckova, M., Nagyova, I., Stewart, R. E., van Dijk, J.P. & Groothoff, J. W. (2006). Does parental unemployment affect adolescents' health? Journal of Adolescent Health, 38, 527-535.

Stöbel-Richter, Y. (2010). Fertilität und Partnerschaft. Eine Längsschnittstudie zu Familienbildungsprozessen über 20 Jahre. Gießen: psychosozial-Verlag.

Stöbel-Richter, Y., Kraus, U. & Berth, H. (2008). Transition to parenthood in the life course. In J. K. Quinn & I. G. Zambini (Eds.), Family Relations: 21st Century Issues and Challenges (pp. 1-20). Hauppauge, NY.: Nova Science Publishers.

Weber, A., Hörmann, G. & Heipertz, W. (2007). Arbeitslosigkeit und Gesundheit aus sozialmedizinischer Sicht. Deutsches Ärzteblatt, 104, A2957-A2962.

Zenger, M., Brähler, E., Berth, H. & Stöbel-Richter, Y. (2011). Unemployment during working life and mental health of retirees – results of a representative survey. Aging & Mental Health, 15, 178-185.

„Soziale Vererbung" gesundheitlicher Benachteiligung – Intergenerationale Aspekte sozial bedingter gesundheitlicher Benachteiligung unter Berücksichtigung von Arbeitslosigkeit

Ulrike Igel, Gesine Grande

Zusammenfassung

Langzeitarbeitslosigkeit birgt das größte Risiko für Armut und soziale Desintegration und wirkt sich negativ auf gesundheitliche Chancen aus. Auf welchem Wege aus Arbeitslosigkeit und sozialer Benachteiligung gesundheitliche Benachteiligung erwächst und wie diese von Generation zu Generation weitergegeben wird, ist nicht gänzlich geklärt. Neben der biologischen Disposition spielen das elterliche und weitere soziale Umfeld, die Wohnbedingungen sowie gesellschaftliche Werthaltungen eine Rolle. Während das Phänomen der intergenerationalen Weitergabe sozialer Merkmale für Bildung, Scheidungsraten oder Status gut belegt ist, ist wenig über die soziale Vererbung von Gesundheitschancen bekannt. Nach einem Überblick über Auswirkungen sozialer Benachteiligung auf die Gesundheit werden bisherige Erklärungsansätze geordnet, um die „soziale Vererbung gesundheitlicher Benachteiligung" besser zu verstehen. Dabei zeigt sich ein erheblicher Bedarf in zwei Bereichen: 1. empirische Untersuchungen, die neben sozialräumlichen und generationalen Aspekten die Betroffenenperspektive berücksichtigen und 2. alternative Handlungsmöglichkeiten bzw. ganzheitliche Interventionsansätze. Vor allem braucht es ein größeres Bewusstsein für die Dynamik sozialer Vererbungsprozesse.

1. Sozial bedingte gesundheitliche Benachteiligung

Sozial benachteiligte Personen können einerseits Menschen sein, die einen eingeschränkten Zugang zu objektiven Ressourcen wie Bildung, Einkommen und Prestige/Macht haben. Andererseits können unvorteilhafte Lebensbedingungen (Erwerbslosigkeit, aber auch belastende Arbeitsbedingungen, schlechte Wohnverhältnisse u.ä.) sowie verringerte Chancen zur Teilhabe (z.b. für Migranten/innen, Ältere, Alleinerziehende, Erwerbslose) zu sozialer Benachteiligung führen (Hradil, 2006). Soziale Benachteiligung führt zum vermehrten Auftreten gesundheitlicher Risikofaktoren, körperlicher und psychischer Erkrankungen sowie einer geringeren Lebenserwartung. Ist die soziale Benachteiligung mit Arbeitslosigkeit verbunden, so wächst die Belastung: Der Verlust von sozialen Kontakten in Verbindung mit einem sinkenden Selbstwertgefühl geht oft mit psychischen Erkrankungen und einer schlechteren Einschätzung des Gesundheitszustandes einher (Grobe & Schwartz, 2003; Mohr & Richter, 2008). Eindeutig nachzuweisen ist auch die Beeinträchtigung der sozialen Integration durch Arbeitslosigkeit. Berichtet werden zunehmende Isolation, Stigmatisierungen, Rollenveränderungen, verstärkte Konflikte in Partnerschaft und Familie (Paul, Hassel & Moser, 2006) sowie eine höhere Instabilität von Partnerschaft und Ehe (Ekert-Jaffe & Solaz, 2001; Bongartz & Gröhnke, 1997). Kompensationsmöglichkeiten über den beruflichen oder Freizeitbereich sind gerade bei Arbeitslosen eingeschränkt oder nicht vorhanden (Semmer & Udris, 1995; Rothländer & Richter, 2009).

Jedoch sind nicht nur sozial benachteiligte Erwachsene, sondern auch deren Kinder betroffen. Kinder und Jugendliche, die in sozial benachteiligten Familien bzw. Verhältnissen aufwachsen, haben nachweislich einen schlechteren psychischen und körperlichen Gesundheitszustand und zeigen häufiger gesundheitsschädigende Verhaltensweisen. Zu beobachten sind ein vermehrtes Auftreten von Übergewicht (Kurth & Schaffrath Rosario, 2007) und Essstörungen (Hölling & Schlack, 2007) sowie eine schlechtere Mundgesundheit (Schenk & Knopf, 2007). Zudem nehmen sie seltener an Früherkennungsuntersuchungen teil (Kamtsiuris, Bergmann, Rattay & Schlaud, 2007), sind weniger häufig geimpft (Poethko-Müller, Kuhnert & Schlaud, 2007), treiben weniger Sport (Lampert, Meninsk, Romahn & Woll, 2007) und verbringen mehr Zeit vor Computer und Fernseher (Lampert Sygusch & Schlack, 2007). Für Kinder erwerbsloser Eltern werden eine Reihe von negativen gesundheitlichen, psychischen und sozialen Folgen beschrieben wie hohe Raten an psychosomatischen und chronischen körperlichen Erkrankungen (Pedersen, Madsen & Kohler, 2005), Unfälle, mehr Schulabbrüche und höhere Erwerbslosigkeit im Erwachsenenalter (Rothländer & Richter, 2009).

Dass Kinder, die in sozial benachteiligten Verhältnissen aufwachsen, auch als Erwachsene gesundheitliche Beeinträchtigungen zeigen, wird durch verschiedene Studien belegt (Trabert, 2002; Andersen, 1984). Aus Übergewicht, Essstörungen, Bewegungsmangel und ungesunder Ernährung im Kindesalter können eine Reihe von Beschwerden und chronischen Erkrankungen im Erwachsenenalter resultieren: So steigt z.B. das Risiko für Herz-Kreislauf-Krankheiten, Arteriosklerose, Bluthochdruck, Stoffwechselerkrankungen, Diabetes Mellitus Typ II, Fettleber sowie Erkrankungen des Stütz- und Bewegungsapparates (Daniels, 2006; Power, Lake & Cole, 1997; Daniels, Arnett, Eckel, Gidding, Hayman, Kumanyika, Robinson, Scott, Jeor & Williams, 2005). Dieser Zusammenhang ist angesichts der wachsenden Zahl sozial benachteiligter Kinder und Jugendlicher alarmierend. Hinzu kommt, dass eine ungesunde Lebensweise auch psychosoziale Probleme verursachen kann. So haben übergewichtige Kinder weniger Freunde (Daniels et al., 2005). Übergewichtige Menschen werden häufiger stigmatisiert („lazy, sloppy, ugly, or stupid" Daniels, 2006) und leiden vermehrt an Depressionen sowie einem geringeren Selbstwertgefühl (Erb & Winkler, 2004; Gortmaker, Must, Perrin, Sobol & Dietz, 1993; Power et al., 1997).

Insgesamt zeigt sich, dass sozial benachteiligte Menschen neben (oder aufgrund) ihrer materiellen Deprivation gesundheitlichen und sozialen Belastungen ausgesetzt sind, wobei sich die einzelnen Belastungsmomente bedingen und verstärken können und wieder neue Beeinträchtigungen nach sich ziehen. In Deutschland sind derzeit 7,5% der Bevölkerung von Arbeitslosigkeit und davon 5,1% im Rechtskreis des SGB II (also Langzeitarbeitslose) betroffen (Bundesagentur für Arbeit, 2010; Berichtsmonat Juni 2010). Immer mehr Kinder wachsen in relativer Armut auf, wobei die Lage in den neuen Bundesländern besonders prekär ist, da hier die Arbeitslosenquote und der Anteil der ALGII-Empfänger etwa doppelt so hoch ist (Bundesagentur für Arbeit, 2010). Vor diesem Hintergrund ist es unbedingt notwendig, den Zusammenhang von sozialer und gesundheitlicher

Ungleichheit zu untersuchen und dabei Aspekte der sozialen Vererbung genauer zu betrachten.

2. Erklärungsansätze für sozial bedingte gesundheitliche Benachteiligung

Bis heute fehlt eine einheitliche Theorie zur Erklärung sozial bedingter gesundheitlicher Ungleichheit. So werden implizit oder explizit verschiedene theoretische Modellannahmen kombiniert (Mielck, 2000; Rugulies & Siegrist, 2002).

– Stresstheoretische Annahmen (d.h. ein Übermaß an psychosozialen Belastungen steht geringen psychosozialen Ressourcen gegenüber),

– versorgungsbezogene Annahmen (d.h. geringe Bedarfsgerechtigkeit der gesundheitlichen Versorgung für sozial Benachteiligte durch erschwerten Zugang und geringere Qualität insbesondere der Leistungen, die die Kommunikation und Zusammenarbeit zwischen Professionellen und Patient/innen betreffen)

– und kognitiv-behaviorale Ansätze (d.h. geringes gesundheitsrelevantes Wissen, inadäquate Gesundheitskonzepte, ineffiziente Bewältigungsstrategien, eher passive Einstellungen und externale Kontrollüberzeugungen) sind vor allem geeignet, gesundheitliche Unterschiede in der Morbidität und Mortalität von sozial benachteiligten Erwachsenen aufzuklären, die schon über ausgeprägte Verhaltensmuster verfügen und über längere Zeiträume gesundheitsgefährdenden Bedingungen ausgesetzt sind. Sie liefern jedoch weder eine Erklärung für die Weitergabe gesundheitlicher Benachteiligung an die nächste Generation noch für die räumliche Konzentration gesundheitlich benachteiligter Menschen.

Betrachtet man sogenannte „sozial benachteiligte Stadtteile" am Beispiel von Leipzig, so zeigt sich eine Anhäufung unterschiedlicher Problemlagen. In den Ortsteilen mit „erhöhtem Handlungsbedarf" leben meist mehr Arbeitslose, mehr Leistungsempfänger/innen, mehr Ausländer/innen, weniger Erwerbstätige im Vergleich zur durchschnittlichen gesamtstädtischen Bevölkerung. Die Wahlbeteiligung ist geringer, auch haben weniger Menschen Zugang zu einem Pkw. Der Großteil der unter 15-Jährigen bezieht Sozialgeld. Die Kriminalitätsrate ist höher, es gibt kaum Erholungsflächen, überdurchschnittlich viele Schüler/innen verlassen die Schule ohne Abschluss (Stadt Leipzig, 2010). Die Befunde der Schuleingangsuntersuchung zeigen ein erhöhtes Auftreten von Sprachstörungen und motorisch-koordinativen Entwicklungsdefiziten. Es zeichnet sich ab, dass die soziale Benachteiligung der Erwachsenen bzw. des weiteren Umfelds (Stadtteil) sich auf die Entwicklung der Kinder auswirkt (Stadt Leipzig, 2009).

3. Soziale Vererbung gesundheitlicher Chancen

Bedeutung des Problems und Erklärungsansätze

Warum „lohnt" es sich, über soziale Vererbung nachzudenken? Durch die Ballung von sozial und gesundheitlich benachteiligten Familien in bestimmten Gebieten wird aus dem vermeintlich persönlichen Problem ein gesellschaftliches. Es handelt sich nicht um Einzelfälle, vereinzelte Familien mit geringer Bildung, die in Arbeitslosigkeit leben, Transferleistungen beziehen und deren Kinder die eigene Geschichte zu wiederholen scheinen. Die soziale Weitergabe von Gesundheitschancen ist ein gesellschaftliches Problem, da sie neben genetischen, personalen und familiären Bedingungen auch gesellschaftlich (politisch, wirtschaftlich, historisch) begründet ist *und* weil die Gesundheit der Bevölkerung eine Notwendigkeit für eine produktive Gesellschaft darstellt.

Um sich diesem Problem zu stellen, muss geklärt werden: Welche Mechanismen bewirken, dass Kinder aus sozial benachteiligten Verhältnissen ebenfalls soziale und gesundheitliche Benachteiligung erfahren, d.h. wie werden Gesundheitsrisiken oder -chancen weitergegeben bzw. „vererbt"? Das Konzept der „sozialen Vererbung" bezeichnet die nicht (allein) biologisch erklärbare Weitergabe von sozialen Merkmalen (z.B. Status, Bildung, Scheidungsraten), aber auch Gesundheit/Krankheit von einer Generation zur anderen. Dabei können Familien, aber auch größere Gruppen im Fokus der Betrachtung stehen. Ziel ist es, Mechanismen aufzudecken oder Faktoren zu erkennen, die die Weitergabe bestimmter Merkmale (in positiver oder negativer Ausprägung) begünstigen. Um sich diesem Phänomen anzunähern, bedarf es einer Bündelung verschiedener Zugänge und Perspektiven. Die im Folgenden dargestellten Einflussfaktoren und Hypothesen sollen gleichrangig und interdependent, also wechselseitig abhängig, verstanden werden. Es wird der Versuch unternommen, die einzelnen Faktoren unter Berücksichtigung ihrer Wechselwirkungen, aber auch des zeitlichen und gesellschaftlichen Kontextes zu beschreiben.

Abbildung 1 zeigt Faktoren auf verschiedenen Ebenen. Einige Faktoren können schon pränatal auf die Entwicklung und den Gesundheitszustand des Kindes einwirken, andere entfalten erst nach der Geburt ihre Wirkung. Das Kind selbst bringt eine genetische Disposition mit, die mit biologischen Anlagen der Eltern, jedoch auch mit deren Gesundheitsverhalten während der Schwangerschaft verbunden ist (Ernährung der Mutter, Rauchen, Alkoholkonsum). So prägen vorgeburtliche (und frühkindliche) Erfahrungen das biologische System des Kindes im Sinne einer Prädisponierung (Barker, 1998). Dabei wird insbesondere der Einfluss der Ernährung der Mutter auf das Geburtsgewicht und die spätere Anfälligkeit für Krankheiten diskutiert („biologische Programmierung"). Das „Diathese-Stress-Modell" bezieht neben genetischen Faktoren auch belastende Lebensbedingungen ein. Kinder, die bereits genetisch eine erhöhte Anfälligkeit bezüglich psychischer Erkrankungen haben und zusätzlich psychosozialen Belastungen (durch Arbeitslosigkeit der Eltern, Armut, soziale Benachteiligung) ausgesetzt sind, haben ein größeres Risiko, selbst zu erkranken. Das bedeutet, die Interaktion genetischer Disposition und belastender Lebensverhältnisse verstärkt die Vulnerabilität und erhöht das Erkrankungsrisiko (Davison, Neale & Hautzinger, 2007).

Doch das elterliche Umfeld ist auch in anderer Hinsicht relevant. Die Qualität der Interaktion zwischen Eltern und Kind (erforscht ist jedoch hauptsächlich die Mutter-Kind-Interaktion) in den ersten Lebensmonaten beeinflusst den Bindungsstil, d.h. „die spezifische personengebundene emotionale Beziehung des Kindes zu seiner Hauptbezugsperson" (Rauh, 1995, S. 239)[1]. Risikofaktoren für die Entwicklung unsicherer Bindungsstile bestehen auf Seiten des Kindes z.B. durch Frühgeburt, Regulationsstörungen (Symptome sind exzessives Schreien, Schlaf- und Fütterungsstörung, Deutsche Gesellschaft für Sozialpädiatrie und Jugendmedizin e.V., 2008), Temperament und auf Seiten der Eltern z.B. durch eingeschränktes intuitives Elternverhalten, geringe Feinfühligkeit, psychische Störung, soziale

---

[1] Das von Ainsworth entwickelte Konzept differenziert zwischen sicherem und unsicherem Bindungsstil. Unsichere Bindungsbeziehungen werden in die Typen "vermeidend-unsicher" und "ambivalent-unsicher" unterteilt (Rauh, 1995).

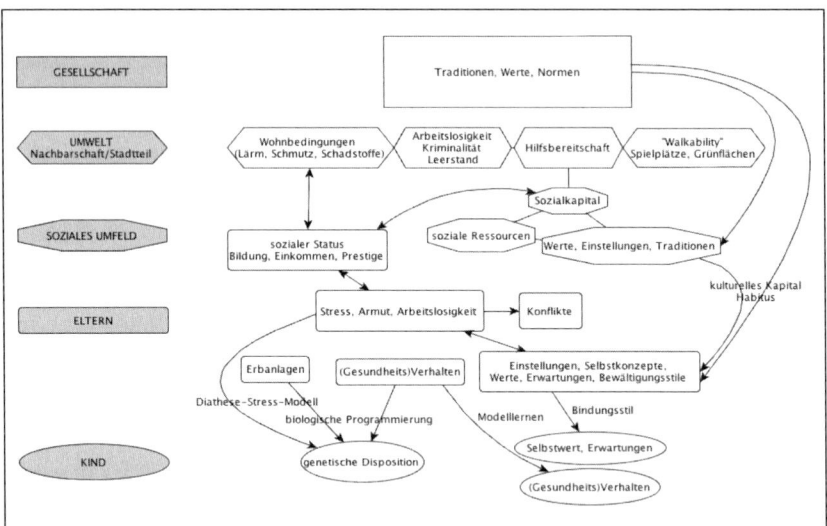

Abb. 1: Mögliche Einflussfaktoren sozialer Vererbungsprozesse (eigene Darstellung)

Belastungen, eigene negative Bindungserfahrungen (Brisch 2008; Grossmann & Grossmann 2006). Bindungsstile bleiben oft über Generationen bestehen, wobei ein unsicherer Bindungsstil häufiger bei Kindern aus sozial benachteiligten Verhältnissen zu finden ist. Ein sicherer Bindungsstil ist eine Ressource, die soziale Benachteiligung möglicherweise kompensieren kann – z.B. war bei Männern mit niedrigem oder mittlerem Bildungsabschluss die Wahrscheinlichkeit, eine höhere berufliche Position zu erreichen, ungefähr doppelt so hoch, wenn sie einen sicheren Bindungsstil im Vergleich zu einem unsicheren hatten (Bartley, Head & Stansfeld, 2007). Darüber hinaus sind auch Selbstkonzepte, Werte, Erwartungen und Bewältigungsstrategien der Eltern von Belang. Diese werden über Modelllernen von den Kindern übernommen, so dass bestimmte Traditionen und Verhaltensmuster, aber auch Unsicherheiten und Ängste von Generation zu Generation weitergegeben werden. So hatten Kinder arbeitsloser Eltern geringere Erwartungen, später einen Job zu finden, brachen häufiger vorzeitig die Schule ab und waren später öfter arbeitslos (Barling, Zacharatos & Hepburn, 1999; Zusammenfassung in Ström, 2003).

Des Weiteren kann das Verhalten der Familienmitglieder die Gesundheitschancen von Kindern maßgeblich beeinflussen. Gesundheitsrisiken und gesundheitsrelevante Verhaltensweisen der einzelnen Familienmitglieder bedingen einander (Bartley, Martikainen, Shipley & Marmot, 2004; Fowler & Christakis, 2008; Pyke, Wood, Kinmonth & Thompson, 1997). Die Kinder sind abhängig von der Gestaltung der Lebensumwelt durch die Eltern (Wohnung, Wohnumgebung – wobei die Wahl des Wohnortes auch vom sozialen Status bzw. den materiellen Ressourcen der Eltern abhängt), der Lebensweise der Eltern (z.B. Freizeitverhalten, Ernährung, familiäre Rituale, Rauchen, Konfliktregulation) und deren Inanspruchnahmeverhalten bezüglich gesundheitlicher Dienstleistungen (Impfungen, Vorsorgeuntersuchungen, Arztkonsultationen). Belastungen und Wohlbefinden in der Familie bedingen sich gegenseitig. Psychosoziale Belastungen eines Familienmitgliedes, z.B. Arbeitslosigkeit eines Elternteils, wirken sich auf die gesamte Familie aus, z.B. Instabilität der Ehe, Veränderungen im Rollenverständnis von Mann und Frau, geringeres Wohlbefinden des Partners, mehr Eltern-Kind-Konflikte, mehr psychische und Verhaltensauffälligkeiten der Kinder (Zusammenfassung in Ström, 2003).

Das elterliche Verhalten wiederum wird bestimmt vom sozialen Status, den damit verbundenen materiellen Möglichkeiten und dem Habitus. Habitus meint im Sinne Bourdieus (1987) die durch die Lebensbedingungen verfügbaren und über Erziehung (d.h. durch Eltern, Großeltern bzw. Institutionen) vermittelten individuellen, sozialen, kulturellen und ökonomischen Ressourcen und die damit verbundenen Alltagspraktiken und Beurteilungsschemata. Über den Habitus, als relativ konstantes Merkmal von Personen, aber auch Gruppen, werden soziale (und damit auch gesundheitliche) Ungleichheiten geschaffen und reproduziert (Abel, Abraham & Sommerhalder, 2006).

Neben der elterlichen Umwelt sind jedoch auch das größere soziale Umfeld sowie der Sozialraum (Stadtteil, Nachbarschaft) entscheidend für die gesundheitliche Entwicklung. Bedeutsam für das psychische und körperliche Wohlbefinden ist das „soziale Kapital", hier die sozialen Ressourcen außerhalb der Familie (Netzwerke, nachbarschaftliches Vertrauen, die wahrgenommene Hilfsbereitschaft, Putnam, 1993), über das ein Mensch verfügt. Soziales Kapital ist in hohem Maße von materiellen Bedingungen (finanzielle Sicherheit) und der Bildung des Individuums sowie des sozialen Umfelds (Nachbarschaft, Stadtteil) geprägt (Siegrist, Dragano & von dem

Knesebeck, 2006). Leben Menschen in sozial benachteiligten Quartieren, die wenig Unterstützung und Vernetzung bieten, und erfahren sie möglicherweise zusätzlich Stigmatisierungen, so verringert sich die subjektive Gesundheit (Kawachi & Berkman, 1999), während Mortalität (Kennelly, O'Shea & Garvey, 2003) und Suizidalität (Kennedy, Kawachi, Prothrow-Stith, Lochner & Gupta, 1998) steigen. Doch auch räumliche oder strukturelle Merkmale des Umfeldes können Einfluss auf Gesundheitschancen nehmen. So finden sich in benachteiligten („ärmeren") Gebieten häufiger eine erhöhte Mortalität, Herz-Kreislauferkrankungen, Atemwegs- und Krebserkrankungen, Übergewicht sowie Entwicklungsstörungen bei Kindern (Brooks-Gunn, Duncan, Klebanov & Sealand, 1993; Macintyre, Ellaway & Cummins, 2002; Davey Smith, Hart, Watt, Hole & Hawthorne, 1998). Gründe dafür werden einerseits in den Umweltbedingungen gesehen (z.B. Verschmutzung, Lärm) (WHO, 2004). Andererseits beeinflussen sozialstrukturelle Merkmale (Arbeitslosigkeit, Kriminalität, Häuserleerstand, Armutsquote) (Franzini, Caughy, Spears & Fernandez Esquer, 2005; Israel, Schulz, Estrada-Martinez, Zenk, Viruell-Fuentes, Villarruel & Stokes, 2006) oder die „Walkability" („Gangbarkeit", Vorhandensein von Wegen) sowie die Ästhetik des Wohnumfelds die Gesundheit der Bewohner/innen (Mujahid & Diez Roux, 2007; Klocke & Hurrelmann, 1998). Eine Reihe gesellschaftlicher Faktoren, wie bestehende Normen und Werthaltungen, Machtverhältnisse, Stigmatisierungstendenzen u.Ä., sind ebenfalls relevant für die Reproduktion sozialer und gesundheitlicher Ungleichheiten, sollen hier aber nicht näher erläutert werden.

Zusammenfassend wird deutlich, dass ein großes Geflecht von Bedingungen für die gesunde Entwicklung von Bedeutung ist. Es gibt Faktoren, die direkt die (Gesundheits-)Chancen beeinflussen (Gesundheitsverhalten, Wohnbedingungen), daneben wirken Faktoren indirekt (Sozialkapital, strukturelle Ressourcen u.Ä.). Bei sozial benachteiligten Familien zeigt sich häufig eine Kumulation von Risiken bei gleichzeitig geringeren Schutzfaktoren.

4. Offene Fragen und Interventionsansätze zur sozialen Vererbung gesundheitlicher Chancen

Viele Fragen, die sich im Hinblick auf mögliche Präventions- oder Interventionsansätze zur Unterbrechung solcher Kreisläufe sozialer Vererbung stellen, können bisher nicht beantwortet werden.

– Wie kann die Entwicklung sicherer Bindungsstile angesichts aufgrund von Arbeitslosigkeit und materieller Deprivation höchst unsicherer Lebensverhältnisse gefördert werden?

– Wie sollen Hoffnungen und Selbstvertrauen in einem Umfeld entstehen, das von Perspektivlosigkeit geprägt ist?

– Wie kann die kommunale Politik in die Abwärtsentwicklung von Stadtteilen wirksam eingreifen?

In Deutschland mangelt es insbesondere an Längsschnittstudien, welche die Mechanismen sozialer Vererbungsprozesse gesundheitlicher Merkmale aufdecken und Interventionsmöglichkeiten eröffnen.

Um das Phänomen sozialer Vererbung besser *zu verstehen*, braucht es
1. empirische Untersuchungen, die mehrere Generationen sowie sozialräumliche Gegebenheiten fokussieren und
2. einen methodischen Zugang, der die Betroffenen zu Wort kommen lässt und bestehende gesellschaftliche Werte und Normen kritisch hinterfragt.

Um die Vererbung sozialer und gesundheitlicher Benachteiligung *zu durchbrechen*, sind notwendig:
1. ein Verständnis des Phänomens und der Betroffenen,
2. Lebensentwürfe und Handlungsalternativen, die für sozial benachteiligte Kinder und Erwachsene erstrebenswert und realisierbar erscheinen,
3. Institutionen und Kommunen, die die Ambitionen zur Veränderung unterstützen und begleiten und Sicherheit und Anerkennung bieten,
4. eine veränderte gesellschaftliche Bewertung von Arbeitslosigkeit, d.h. weniger Abwertung und Isolation, die Schaffung alternativer Modelle, die den Wert von Erwerbstätigkeit relativieren,
5. und ganzheitliche und partizipative Präventions- und Interventionsansätze.

Vor allem aber braucht es ein stärkeres Bewusstsein für die Dynamik und die Macht sozialer Vererbungsprozesse, für ihre individuellen, kommunalen und gesellschaftlichen Konsequenzen und den daraus resultierenden Handlungsbedarf.

Literatur

Abel, T., Abraham, A. & Sommerhalder, K. (2006). Kulturelles Kapital, kollektive Lebensstile und die soziale Reproduktion gesundheitlicher Ungleichheit. In M. Richter & K. Hurrelmann (Hrsg.), Gesundheitliche Ungleichheit (S. 157-170). Wiesbaden: VS Verlag für Sozialwissenschaften.

Andersen, T.F. (1984). Persistence of social and health problems in the welfare state: a Danish cohort experience from 1948 to 1979. Social Science & Medicine, 18, 555-560.

Barker, D. J. P. (1998). Mothers, Babies and Health in Later Life. (2nd edition) Churchill Livingstone.

Barling, J., Zacharatos, A. & Hepburn, C.G. (1999). Parents' job insecurity affects children's academic performance through cognitive difficulties. Journal of Applied Science, 84, 437-444.

Bartley, M., Head, J. & Stansfeld, S. (2007). Is attachment style of resilience against health inequalities at work? Social Science & Medicine, 64, 765-775.

Bartley, M., Martikainen, P., Shipley, M. & Marmot, M. (2004). Gender differences in the relationship of partner's social class to behavioural risk factors and social support in the Whitehall II study. Social Science & Medicine, 59, 1925-1936.

Bongartz, T. & Gröhnke, K. (1997). Soziale Isolation bei Langzeitarbeitslosen? Eine netzwerkanalytische Betrachtung. In G. Klein & H. Strasser (Hrsg.), Schwer vermittelbar. Zur Theorie und Empirie der Langzeiterwerbslosigkeit (S. 197-219). Opladen: Westdeutscher Verlag.

Bourdieu, P. (1987). Die feinen Unterschiede. Kritik der gesellschaftlichen Urteilskraft. Frankfurt/Main: Suhrkamp.

Brisch, K. H. (2009). Bindungsstörungen. Von der Bindungstheorie zur Therapie. Stuttgart: Klett-Cotta.

Brooks-Gunn, J., Duncan, G.J., Klebanov, P.K. & Sealand, N. (1993). Do neighborhoods influence child and adolescent development? The American Journal of Sociology, 99, 353-395.

Bundesagentur für Arbeit (2010). Schnellübersichten – The Labour Market in Germany. http://statistik.arbeitsagentur.de/statistik/index.php?id=D [02.07.2010].

Daniels, S.R. (2006). The consequences of childhood overweight and obesity. The Future of Children, 16, 47-67.

Daniels, S.R., Arnett, D.K., Eckel, R.H., Gidding, S.S., Hayman, L.L., Kumanyika, S., Robinson, T.N., Scott, B.J., Jeor, S.S. & Williams, C.L. (2005). Overweight in children and adolescents. Pathophysiology, Consequences, Prevention, and Treatment. Circulation, 111, 1999-2012.

Davey Smith, G., Hart, C., Watt, G., Hole, D. & Hawthorne (1998). Individual social class, area-based deprivation, cardiovascular risk factors, and mortality. Journal of Epidemiology and Community Health, 52, 399-405.

Davison, G.C., Neale, J.M. & Hautzinger, M. (2007). Klinische Psychologie. Weinheim: Beltz PVU.

Deutsche Gesellschaft für Sozialpädiatrie und Jugendmedizin e.V. (2008). Leitlinie Eltern-Kind-Störung. http://www.dgspj.de/index.php?option=com_content&view=article&id=60&Itemid=105 [02.07.2010].

Ekert-Jaffe, O. & Solaz, A. (2001). Unemployment, marriage and cohabition in France. Journal of Bioeconomics, 4, 223-239.

Erb, J. & Winkler, G. (2004). Rolle der Nationalität bei Übergewicht und Adipositas bei Vorschulkindern. Monatsschrift Kinderheilkunde, 152, 291-8.

Fowler, J.H. & Christakis, N.A. (2008). The Collective dynamics of smoking in a large social network. The New England Journal of Medicine, 358, 2249-2258.

Franzini, L, Caughy, M., Spears, W. & Fernandez Esquer, M.E. (2005). Neighborhood economic conditions, social processes, and self-rated health in low-income neighborhoods in Texas. Social Science & Medicine, 61, 1135-1150.

Grobe, T.G. & Schwartz, F.W. (2003). Arbeitslosigkeit und Gesundheit. Gesundheitsberichterstattung des Bundes, Heft 13. Berlin: Robert Koch-Institut.

Gortmaker, S.L., Must, A., Perrin, J.M., Sobol, A.M. & Dietz, W.H. (1993). Social and economic consequences of overweight in adolescence and young adulthood. New England Journal of Medicine, 329, 1008-12.

Grossmann, K. & Grossmann, K. (2008). Bindungen. Das Gefüge psychischer Sicherheit. 3. Aufl. Stuttgart: Klett-Cotta.

Hölling, H. & Schlack, R. (2007). Essstörungen im Kindes- und Jugendalter. Bundesgesundheitsbl – Gesundheitsforsch – Gesundheitsschutz, 50, 794-9.

Hradil, S. (2006). Was prägt das Krankheitsrisiko: Schicht, Lage, Lebensstil? In M. Richter & K. Hurrelmann (Hrsg.), Gesundheitliche Ungleichheit (S. 33-52). Wiesbaden: VS Verlag für Sozialwissenschaften.

Israel, B.A., Schulz, A.J., Estrada-Martinez, L., Zenk, S.N., Viruell-Fuentes, E., Villarruel, A.M. & Stokes, C. (2006). Engaging urban residents in assessing neighborhood environments and their implications for health. Journal of Urban Health, 83, 523-539.

Kamtsiuris, P., Bergmann, E., Rattay, P. & Schlaud, M. (2007). Inanspruchnahme medizinischer Leistungen. Bundesgesundheitsbl – Gesundheitsforsch – Gesundheitsschutz, 50, 836-50.

Kawachi, I. & Berkman, L.F. (1999). Social capital and self-related health: a contextual analysis. Am J Public Health, 87, 1491-1193.

Kennedy, B.P., Kawachi, I. Prothrow-Stith, D., Lochner, K. & Gupta, V. (1998). Social capital, income inequality, and firearm violent crime. Social Science & Medicine, 47, 7-17.

Kennelly, B., O'Shea, E. & Garvey, E. (2003). Social capital, life expectancy and mortality: a cross-national examination. Social Science & Medicine, 56, 2367-2377.

Klocke, A. & Hurrelmann, K. (Hrsg.) (1998). Kinder und Jugendliche in Armut. Umfang, Auswirkungen und Konsequenzen. Wiesbaden: VS Verlag für Sozialwissenschaften.

Kurth, B.-M. & Schaffrath Rosario, A. (2007). Die Verbreitung von Übergewicht und Adipositas bei Kindern und Jugendlichen in Deutschland. Bundesgesundheitsbl – Gesundheitsforsch – Gesundheitsschutz, 50, 736-43.

Lampert, T., Mensink, G.B.M., Romahn & Woll, A. (2007). Körperlich-sportliche Aktivität von Kindern und Jugendlichen in Deutschland. Bundesgesundheitsbl – Gesundheitsforsch – Gesundheitsschutz, 50, 634-42.

Lampert, T., Sygusch, R. & Schlack, R. (2007). Nutzung elektronischer Medien im Jugendalter. Bundesgesundheitsbl – Gesundheitsforsch – Gesundheitsschutz, 50, 643-52.

Macintyre, S., Ellaway, A. & Cummins, S. (2002). Place effects on health: how can we conceptualise, operationalise and measure them? Social Science & Medicine, 55, 125-139.

Mielck, A. (2000). Soziale Ungleichheit und Gesundheit: Empirische Ergebnisse, Erklärungsansätze, Interventionsmöglichkeiten. Bern: Huber.

Mohr, G. & Richter, P. (2008). Psychosoziale Folgen von Arbeitslosigkeit und Interventionsmöglichkeiten. Aus Politik und Zeitgeschichte, 40-41, 25-32.

Mudjahid, M. & Diez-Roux, A. (2007). Neighborhood characteristics and hypertension. Epidemiology, 19, 590-598.

Paul, K., Hassel, A. & Moser, K. (2006). Die Auswirkung von Arbeitslosigkeit auf die psychische Gesundheit: Befunde einer quantitativen Forschungsintegration. In A. Hollederer & H. Brand (Hrsg.), Arbeitslosigkeit, Gesundheit und Krankheit (S. 35-51). Bern: Huber.

Pedersen, K., Madsen, J. & Kohler, R. (2005). Does financial strain explain the association between children's morbidity and parental non-employment. Journal of Epidemiological Community Health, 59, 316-321.

Poethko-Müller, C., Kuhnert, R. & Schlaud, M. (2007). Durchimpfung und Determinanten des Impfstatus in Deutschland. Bundesgesundheitsbl – Gesundheitsforsch – Gesundheitsschutz, 50, 851-62.

Power, C., Lake, J.K. & Cole, T.J. (1997). Measurement and long-term health risks of child and adolescent fatness. International Journal of Obesity, 21, 507-26.

Putnam, R.D. (1993). Making democracy work. Princeton: University Press.

Pyke, S. D., Wood, D. A., Kinmonth, A. L. & Thompson, S.G. (1997). Change in coronary risk and coronary risk factor levels in couples following lifestyle intervention. The British Family Heart Study. Arch Fam Med, 6, 354-60.

Rauh, H. (1995). Frühe Kindheit. In R. Oerter & L. Montada (Hrsg.), Entwicklungspsychologie (S. 167-245). Weinheim: Beltz.

Rothländer, K. & Richter, P. (2009). Gesund und mittendrin trotz Erwerbslosigkeit?! Fachforum, Analysen & Kommentare, 6, 3-35.

Rugulies, R. & Siegrist, J. (2002). Soziologische Aspekte der Entstehung und des Verlaufs der koronaren Herzkrankheit: soziale Ungleichverteilung der Erkrankung und chronische Distress-Erfahrungen im Erwerbsleben. Frankfurt/M.: VAS.

Schenk, L. & Knopf, H. (2007). Mundgesundheitsverhalten von Kindern und Jugendlichen in Deutschland. Bundesgesundheitsbl – Gesundheitsforsch – Gesundheitsschutz, 50, 653-8.

Semmer, N. & Udris, I. (1995). Bedeutung und Wirkung von Arbeit. In H. Schuler (Hrsg.), Lehrbuch Organisationspsychologie (S. 133-166). Bern: Huber.

Siegrist, J., Dragano, N. & von dem Knesebeck, O. (2006). Soziales Kapital, soziale Ungleichheit und Gesundheit. In M. Richter & K. Hurrelmann (Hrsg.), Gesundheitliche Ungleichheit (S. 157-170). VS Verlag für Sozialwissenschaften.

Stadt Leipzig, Dezernat Jugend, Soziales, Gesundheit und Schule (Hrsg.) (2010). Sozialreport 2009. www.leipzig.de/sozialreport [11.05.2010].

Stadt Leipzig, Gesundheitsamt (Hrsg.) (2009). Daten und Fakten zur gesundheitlichen Situation Leipziger Vorschulkinder Schuljahr 2008/2009.

Stansfeld, S., Head, J., Bartley, M. & Fonagy, P. (2008). Social position, early deprivation and the development of attachment. Soc Psychiatry Psychiatr Epidemiol, 43, 516-526.

Ström, S. (2003). Unemployment and Families: A review of research. Social Service Review, 399-430.

Trabert, G. (2002). Zwei-Klassen-Gesundheit. Deutsches Ärzteblatt, 99, A93-5.

World Health Organisation (WHO) (2004). Wohnen und Gesundheit – ein Überblick. Hintergrunddokument zur 4. Ministeriellen Konferenz Umwelt und Gesundheit. http://www.euro.who.int/Document/HOH/gbackdoc01.pdf [25.03.2010].

III. Handlungsansätze

Bedarfsanalyse zur Gesundheitsförderung für die Risikogruppe Arbeitsloser

Bärbel Bergmann

Zusammenfassung

Arbeitslosigkeit ist ein permanentes gesellschaftliches Problem mit gravierenden Folgen für die Betroffenen und die gesamte Gesellschaft. Es gibt sowohl Befunde, die zeigen, dass unter den Arbeitslosen Personen mit gesundheitlichen Einschränkungen überrepräsentiert sind, woraus ein höheres Risiko, arbeitslos zu werden, und eine geringere Chance der Wiederbeschäftigung resultieren (Selektionsthese), als auch Befunde, die Verschlechterungen des Gesundheitsstatus als Folge der Belastungen belegen, die aus dem Verlust des Arbeitsplatzes resultieren (Verursachungsthese). Arbeitslose Personen weisen wie Erwerbstätige eine große Variationsbreite hinsichtlich ihres Gesundheitsstatus auf. Die Beschreibung des Unterstützungsbedarfs im Hinblick auf die Prävention von Beeinträchtigungen, Beschwerden oder gar Erkrankungen bzw. für eine Wiederherstellung der Gesundheit sollte deshalb verschiedene Gruppen differenzieren, von denen nur einige als Risikogruppen mit Gesundheitseinschränkungen zu charakterisieren sind. Zu unterscheiden sind: Von Arbeitslosigkeit bedrohte Personen, weniger als 12 Monate arbeitslose Personen (Arbeitslos nach SGB III), Arbeitslose nach SGB II, Langzeitarbeitslose, Migranten, Berufsrückkehrer/innen.

1. Einleitung

Arbeitslosigkeit ist ein permanentes gesellschaftliches Problem mit gravierenden Folgen für die Betroffenen und die gesamte Gesellschaft. Im Winter 2010 wurden ca. 3 Millionen Arbeitslose in Deutschland registriert. Arbeitslosigkeit geht häufig mit gesundheitlichen Einschränkungen einher.

Aber der Zusammenhang ist nicht eindeutig, sondern abhängig von vielfältigen Risikokonstellationen.

Es gibt sowohl Befunde, die zeigen, dass unter den Arbeitslosen Personen mit gesundheitlichen Einschränkungen überrepräsentiert sind, woraus ein höheres Risiko, arbeitslos zu werden, und eine geringere Chance der Wiederbeschäftigung resultieren (Selektionsthese), als auch Befunde, die Verschlechterungen des Gesundheitsstatus als Folge der Belastungen belegen, die aus dem Verlust des Arbeitsplatzes resultieren (Verursachungsthese). Insbesondere die mit Langzeitarbeitslosigkeit verbundene Unsicherheit mit Einschränkungen der Planbarkeit der Zukunft führt zu psychischen und sozialen Belastungen, zu Ängsten, Stress und Beschwerden, die im Laufe der Zeit chronifiziert werden. Bei längerer Arbeitslosigkeit existieren häufiger als für Erwerbstätige gesundheitsriskantes Verhalten, wie mangelnde sportliche Betätigung, mangelnde gesunde Ernährung, erhöhter Alkohol- und Nikotinkonsum sowie suboptimale Schlafgewohnheiten, die mit dem Verlust der Zeitstruktur im Alltag zusammenhängen (Robert Koch Institut, 2006). Aber es ist falsch, eine direkte Kausalität zwischen Arbeitslosigkeit und gesundheitlichen Einschränkungen zu unterstellen. Sowohl Selektionsprozesse als auch Verursachungsprozesse sind am Zusammenhang zwischen Arbeitslosigkeit und gesundheitlichen Einschränkungen beteiligt (Elkeles & Seifert, 1992). In ihrer Metaanalyse von 2006, in welche 87 Längsschnittstudien einflossen, kommen Paul, Hassel & Moser zu dem Schluss, dass die Verursachungshypothese einen wesentlich stärkeren Erklärungswert (mittlere Effektstärken) besitzt als eine gesundheitsbezogene Selektionshypothese. Für letztere fallen die Zusammenhänge eher sehr schwach aus (u.a. Paul, Hassel & Moser, 2006). Ein klares Argument für die Verursachungsthese sind Befunde über Verbesserungen des Gesundheitsstatus nach erfolgter Wiederbeschäftigung. Problematische Wirkungsketten treten bei längerer Arbeitslosigkeit ein, weil Misserfolge aus fehlgeschlagenen Bewerbungen das Selbstwertgefühl beeinträchtigen und weil die fehlende Erwerbsarbeit einem Mangel an Trainingsmöglichkeiten für die berufliche Qualifikation entspricht, so dass Dequalifizierung als Folge des Nichtgebrauchs von Kompetenzen eintritt. Udris (1987, S. 259) formuliert: „Menschliches geistiges Kapital kann nicht passiv für längere Zeit gespeichert werden. Qualifikationen und Fertigkeiten müssen gebraucht und entwickelt werden, damit sie sich in der Praxis bewähren." Der Verlust des Arbeitsplatzes bedeutet auch einen Verlust an beruflicher Anerkennung, an Erfolgserlebnissen, an Bestätigung durch Kollegen, Vorgesetzte und Kooperationspartner. Diese Mechanismen verringern die Chancen zur Wiederbeschäftigung, weil Firmen arbeitslosen Personen aufgrund einer vermeintlichen oder tatsächlich eingetretenen Dequalifizierung die Einstellung verweigern. Durch diese Prozesse kann sich ein Teufelskreis entwickeln, durch den ursprünglich gesunde Menschen im Laufe der Zeit gravierende Belastungen erfahren, die schließlich Krankheitswert erreichen. Die wichtigste Aufgabe der Gesundheitsförderung für Arbeitslose besteht darin zu verhindern, dass dieser Teufelskreis wirksam wird. Die geschilderten Wirkmechanismen, in deren Folge aus einer Kombination von Unsicherheit, ausbleibender Anerkennung und einem Qualifikationsverlust aufgrund mangelnder Gelegenheiten zum Anwenden und Entwickeln erworbener Qualifikationen Ängste, Stress und Verminderungen des Selbstwertgefühls resultieren, betreffen nicht nur Arbeitslose. Sie betreffen auch das zahlenmäßig zunehmende Segment der prekär Beschäftigten. Die Zunahme psychischer Erkrankungen ist ein Indikator für diese Probleme (z.B. Kieselbach & Beelmann, 2006). Das weist darauf hin, dass ein Denkschema, welches Arbeitslosigkeit als gesundheitsriskante Situation und Erwerbsarbeit als eine die Gesundheit stabilisierende Situation betrachtet, in dieser Einfachheit nicht zutrifft. Es gibt Übergänge, die durch so genannte prekäre Beschäftigungen beschrieben werden können. In diesen erleben die betroffenen Personen häufig eine mangelnde oder fehlende Anerkennung ihrer beruflichen Qualifikation, die Beschäftigung ist unsicher und schlecht bezahlt. Der jüngste Gesundheitsreport der Technikerkrankenkasse berichtet über das Schwerpunktthema Gesundheit von Beschäftigten in Zeitarbeitsunternehmen. Zeitarbeit ist eine prekäre Beschäftigungsform. „Die gravierendsten Belastungen ergeben sich bei Zeitarbeitsbeschäftigten aus Sicht der Betroffenen aus mangelnden Entwicklungsmöglichkeiten, unzureichendem Einkommen und der Arbeitsplatzunsicherheit." (Technikerkrankenkasse, 2009, S. 13). Aufgrund der so entstehenden Selbstwertverletzung ist prekäre Beschäftigung, die häufig eine unterwertige Beschäftigung ist, eine Stressursache (Semmer, McGrath & Beehr, 2005). Diese Interpretation wird durch den Befund gestützt, dass Personen, die nach einer Wiederbeschäftigung in so genannte „bad jobs" gelangen, keinen Rückgang psychischer Beeinträchtigungen zeigen (Aycan & Berry, 1996; Dooley & Prause, 1997). „Bad Jobs" sind Tätigkeiten in gering bezahlten ungesicherten Beschäftigungsverhältnissen, häufig mit einem geringeren

Arbeitszeitvolumen als gewünscht. Häufig sind das auch repetitive Tätigkeiten, die grundsätzlichen Humankriterien nicht gerecht werden.

Arbeitslose Personen gehören der Population der erwerbsfähigen Bevölkerung an und der gesundheitliche Status weist wie bei dieser eine große Variationsbreite auf. Grundsätzlich sind Arbeitslose eine heterogene Gruppe von Menschen, die nur durch das äußere Merkmal des Arbeitsplatzverlusts in eine Kategorie klassifiziert wurden. Um negative Folgen auf den Gesundheitsstatus zu vermeiden, zu mildern bzw. zu begrenzen, sind nicht Standardinterventionen geeignet, sondern Interventionen sind auf den Bedarf der Problemgruppen abzustimmen.

2. Innerhalb der Arbeitslosen zu unterscheidende Gruppen und deren spezifische Bedarfe

Grundsätzlich gehören Arbeitslose zur Population der Erwerbspersonen. Die in den letzten zwei Jahrzehnten bestehende Quote Arbeitsloser enthält einen großen Anteil von Personen, die zwischen dem Status der Erwerbstätigkeit und der Erwerbslosigkeit wechseln. Die Unterstützung der Gesundheitsförderung Arbeitsloser beginnt deshalb bereits bei allen Maßnahmen des Arbeits- und Gesundheitsschutzes. Die Pflichten der Krankenkassen zur Betrieblichen Gesundheitsförderung sind im SGB V, § 20 geregelt. Arbeitslose Personen weisen wie Erwerbstätige eine große Variationsbreite hinsichtlich ihres Gesundheitsstatus auf. Die Beschreibung des Unterstützungsbedarfs im Hinblick auf die Prävention von Beeinträchtigungen, Beschwerden oder gar Erkrankungen bzw. für eine Wiederherstellung der Gesundheit sollte deshalb verschiedene Gruppen differenzieren, von denen nur einige als Risikogruppen mit Gesundheitseinschränkungen zu charakterisieren sind.

Für die Begründung erforderlichen Interventionsbedarfs werden folgende Gruppen näher betrachtet:
– von Arbeitslosigkeit bedrohte Personen,
– weniger als 12 Monate arbeitslose Personen (Arbeitslos nach SGB III),
– Arbeitslose nach SGB II, Langzeitarbeitslose,
– Berufsrückkehrer/innen.

2.1 Von Arbeitslosigkeit bedrohte Personen

Das Ressourcen-Bewahrungs-Modell von Hobfoll (1989, 2001) nimmt an, dass Stress entsteht, wenn wertgeschätzte Ressourcen als bedroht angesehen werden. Damit lässt sich ein Wirkungspfad von einer antizipierten Bedrohung des eigenen Arbeitsplatzes auf die Gesundheit begründen. Ein Arbeitsplatzverlust geht mit einer Gefährdung von Einkommen, Karrierechancen, Selbstwerterleben und sozialer Einbindung einher. Damit werden wesentliche Lebensziele gefährdet. Es kommt hinzu, dass Unsicherheitserleben bereits als eine Quelle für Belastung nachgewiesen ist, denn Unsicherheit bedeutet, dass die Erreichbarkeit entscheidender Ziele nicht mehr oder nur noch in begrenztem Umfang gegeben ist. Gebert und Rosenstiel (2002) unterscheiden zwischen einer Unsicherheit bezüglich des Ausgangs des belastenden Ereignisses und einer Unsicherheit bezüglich des Eintretens des belastenden Ereignisses. Damit ist ein drohender Arbeitsplatzverlust als eine gravierende Belastungsquelle zu kennzeichnen. Diese wird verstärkt, wenn die damit verbundene Phase der Unsicherheit sich über einen längeren Zeitraum erstreckt und wenn die Betroffenen wenig Kontroll- bzw. Einflussmöglichkeiten auf ihre eigene Situation sehen, sondern sich vielmehr als Spielball der Umstände erleben.

Daraus folgt: Wenn ein Arbeitsplatzabbau unvermeidlich ist, dann kann eine unmissverständliche klare Kommunikation der Probleme an die Betroffenen das Ausmaß der Belastungen reduzieren. Das Aufzeigen von Alternativen einschließlich der Unterstützung bei der Wiederbeschaffung eines Arbeitsplatzes ist für diese Gruppe gleichzeitig die wirksamste Maßnahme der Gesundheitsförderung.

2.2 Weniger als 12 Monate arbeitslose Personen

Diese Gruppe ist von ihren Personenmerkmalen, einschließlich ihres Gesundheitsstatus als mit den Erwerbstätigen vergleichbar einzuschätzen, so dass ein spezifischer Bedarf der Gesundheitsförderung nicht besteht. Der hohe Anteil gesundheitlich beeinträchtigter Langzeitarbeitsloser lässt vermuten, dass die Betreuung (Integration, Gesundheitsberatung etc.) im Vorfeld bereits gescheitert ist. Das heißt, gesundheitsförderliche Interventionen, wie Trainings zu gesundheitsgerechtem Verhalten, aber auch die

Verbesserung des Selbstkonzeptes und von Handlungskompetenzen und Bewältigungsstrategien zum Umgang mit Belastungen, sollten so früh wie möglich einsetzen. Das Ziel von Unterstützungen muss die rasche Wiederbeschäftigung sein, so dass eine Chronifizierung der aus dem Arbeitsplatzverlust resultierenden Belastungen, vor allem Langzeitarbeitslosigkeit, vermieden wird. Für die Teilmenge der Personen mit gesundheitlichen Einschränkungen werden Maßnahmen zur Wiederherstellung der Gesundheit und Umschulungen und evtl. zusätzlich die Bereitstellung von Arbeitsplätzen erforderlich, die auf das leistungsgewandelte Profil der Personen zugeschnitten sind. Empfehlungen dazu müssen immer den konkreten Fall berücksichtigen.

2.3 Langzeitarbeitslose Personen

In die Gruppe der Langzeitarbeitslosen fallen etwa 40% der Arbeitslosen. In Sachsen wurden in den letzten Jahren unabhängig vom Rückgang der Gesamtzahl der Arbeitslosen in der Zeit von 2005 bis 2008 jeweils etwa 45.000 Personen mit gesundheitlichen Einschränkungen, die Auswirkungen auf die Vermittlung haben, in diese Gruppe klassifiziert (Hollederer, 2009). Etwa 52% von diesen, dem entsprechen für 2008 23.618 Personen, gehören in die Gruppe der Langzeitarbeitslosen. Das zeigt, dass sich in der Gruppe der Langzeitarbeitslosen ein größerer Anteil von Personen mit gesundheitlichen Einschränkungen befindet als in der Gruppe der Personen, die weniger als 12 Monate arbeitslos sind. Der Anteil derer mit gesundheitlichen Einschränkungen liegt hier bei einem Viertel, während dieser Anteil bei den Arbeitslosen insgesamt bei unter 20% liegt. Langzeitarbeitslose sind in Bezug auf gesundheitliche Einschränkungen demzufolge eine besondere Risikogruppe. Für sie sind spezifische Interventionen erforderlich, um gravierende Probleme mit hohen individuellen und gesellschaftlichen Folgekosten zu verhindern oder zu begrenzen. Der Unterstützungsbedarf ist entscheidend von weiteren Merkmalen abhängig. Geringe Qualifikation ist so ein Merkmal, denn eine fehlende Qualifikation ist ein hartes Kriterium, das eine Wiederbeschäftigung verhindert. Das Nachholen von Schul- und Ausbildungen ist hier erforderlich, um realistische Chancen für eine Integration in Erwerbsarbeit zu entwickeln. Ein anderes Merkmal, das einen spezifischen Unterstützungsbedarf signalisiert, ist Migration. Migranten benötigen häufig Sprachkurse und Qualifikationen oder Umschulungen, mit denen die mitgebrachten Qualifikationen für den Arbeitsmarkt passfähig gemacht werden. Schließlich unterscheidet sich der Unterstützungsbedarf gravierend in Abhängigkeit vom Alter, so dass es erforderlich wird, zwischen den Altersgruppen der jungen Arbeitslosen bis 25 Jahren, dem mittleren Erwachsenenalter und älteren Arbeitslosen zu unterscheiden

2.3.1   Junge Leistungsempfänger nach SGB II

Das spezifische Problem dieser Gruppe besteht in einer Kombination von Schulbildungs- und Qualifikationsmängeln und gesundheitsriskantem Verhalten. Dabei ist das gesundheitsriskante Verhalten bei jungen Männern stärker ausgeprägt als bei jungen Frauen. Büching, Wagler und Schmidt (2008) ermittelten in einer Studie an 185 jungen Arbeitslosen aus dem ostsächsischen Raum bei 28,6% der jungen Arbeitslosen einen gesundheitsriskanten Alkoholkonsum und bei 68,1% einen gesundheitsriskanten Nikotinkonsum. Hingegen geben nur 33% der untersuchten jungen Arbeitslosen Sport als regelmäßige Freizeitbeschäftigung an. Das zeigt, dass ein großer Teil junger Arbeitsloser die eigenen gesundheitlichen Ressourcen massiv überschätzt, sie quasi für unendlich hält. Eine basale Gesundheitserziehung mit dem Ziel, die Übernahme von Eigenverantwortung für eine gesunde Lebensweise zu erreichen, ist für diese jungen Erwachsenen erforderlich. Zusätzlich benötigt diese Gruppe Unterstützung beim Erwerben einer Qualifikation als einer entscheidenden Voraussetzung für das Erlangen eines Arbeitsplatzes auf dem ersten Arbeitsmarkt. Dabei ist es für einen Teil dieser Gruppe nicht ausreichend, Qualifikationsmöglichkeiten und Vorbereitungsmaßnahmen, wie bspw. das Berufsvorbereitende Jahr, vorzusehen. Einige dieser jungen Arbeitslosen haben erheblichen Bedarf an der Aneignung grundlegender Werte und an Unterstützungen bei der Klärung von Berufs- und Lebenszielen. Schneider (2009) berichtet in ihrer Studie, dass 25% der untersuchten jungen Arbeitslosen nicht in der Lage sind, ein konkretes Berufsziel für sich zu benennen. Zielklarheit ist aber eine notwendige Voraussetzung für selbstständiges Handeln. Ein Teil junger Langzeitarbeitsloser ist also aufgrund der Kombination von Qualifikationsmängeln, mangelnder Werterziehung, fehlenden oder höchst undifferenzierten Lebenszielen und massivem gesundheitsriskantem Verhalten eine hoch brisante Problemgruppe, die altersbedingt Kinder haben wird. Aber aufgrund der eigenen nicht erfolgreichen Persönlichkeitsentwicklung besteht in dieser Gruppe ein großes Risiko der Verwahrlosung und als Folge davon der sozialen Vererbung der Probleme an die Kinder. Die Wahrscheinlichkeit für ein quantitatives Anwachsen dieser Problemgruppe ist sehr groß. Deshalb sind intensive personenspezifische Unterstützungsmaßnahmen mit einer längeren Begleitung durch Bezugspersonen (z.B. Senior Coaches) erforderlich. Das Bridges Projekt gibt ein Beispiel für eine wirksame Intervention für diese Gruppe (Schmidt, 2008). Die über 14 Jahre dauernde Längsschnittstudie von Hammerström und Janlert (2002) enthält empirische Belege für eine Beeinträchtigung der Gesundheit durch Erwerbslosigkeit im jungen Erwachsenenalter. Die Studie zeigt, dass eine frühe Phase der Erwerbslosigkeit einen negativen Einfluss auf die Gesundheit im späteren Erwachsenenalter hat. Auch das weist entschieden auf Präventionsbedarf hin.

2.3.2   Langzeitarbeitslose im mittleren Erwachsenenalter

Langzeitarbeitslose im mittleren Erwachsenenalter verfügen in der Regel über Erfahrungen als Erwerbstätige. Insofern bestehen in dieser Gruppe klarere Ziele über eine Wiedereingliederung in das Erwerbsleben. Der Unterstützungsbedarf in dieser Gruppe ist im Wesentlichen von zwei Faktoren abhängig: von der Qualifikation und vom gesundheitlichen Status. Migranten mit schlechten Sprachkenntnissen stellen eine zusätzliche Risikogruppe dar. Eine fehlende Qualifikation ist ein deutlicher Risikofaktor für die Entstehung von Beeinträchtigungen, die bei längerfristiger Existenz Krankheitswert annehmen können. Ein Problem sind auch in der Lebensregion der Betroffenen nicht mehr nachgefragte Qualifikationen. Unterstützungen für das Erlangen einer beruflichen Qualifikation sowie Umschulungen und Mobilitätshilfen können deshalb einer längerfristigen Zunahme von Beschwerden und dem Entstehen von solchen mit Krankheitswert entgegenwirken.

Für Personen mit gesundheitlichen Einschränkungen sind in Abhängigkeit von diesen spezifische personenbezogene Unterstützungen zu planen.

Aufgrund des Tatbestandes, dass die Qualifikation wiederholt als stabiler und entscheidender Prädiktor für das Wiedererlangen einer Erwerbstätigkeit nachgewiesen ist, die Empirie aber gleichzeitig belegt, dass es unrealistisch ist, alle nicht oder schlecht qualifizierten Personen zu einer erfolgreichen Qualifikation zu führen, besteht ein großer Bedarf an der Organisation von Einfacharbeit. In den letzten Jahrzehnten wurde diese systematisch in Niedriglohnländer ausgelagert und durch die Automatisierung von Abläufen reduziert, so dass sich die Beschäftigungschancen für nicht oder gering qualifizierte Personen in Deutschland verschlechtert haben. Das Schaffen von Einfacharbeit dürfte am ehesten in der Verantwortung der Kommunen funktionieren.

Hollederer (2009) weist für Sachsen in der Gruppe der Langzeitarbeitslosen im mittleren Erwachsenenalter einen Anteil von 51% mit gesundheitlichen Einschränkungen mit Auswirkungen auf die Vermittlung in den ersten Arbeitsmarkt aus. Quantitativ ausgedrückt betrifft das in Sachsen ca. 24.000 Personen. Daraus ist zu schlussfolgern, dass für dieses Segment der Langzeitarbeitslosen ein Bedarf an Maßnahmen zur Wiederherstellung der Gesundheit besteht und zusätzlich an der Organisation von Arbeitsplätzen mit geringeren Anforderungen, so dass Personen mit Einschränkungen ihrer Gesundheit in das Erwerbsleben integriert werden können. Die Organisation solcher Arbeitsplätze ist durch eine Verkürzung der Arbeitszeit und durch einen an die bestehenden Einschränkungen angepassten Aufgabenzuschnitt erreichbar.

Der Bewältigungsstil der Arbeitslosigkeit kann für eine Teilmenge der Personen in dieser Gruppe darin bestehen, in andere Lebensrollen zu wechseln, z.B. in die Rolle der Hausfrau und Mutter, in die des Hausmanns, oder eine künstlerische Betätigung wird zum wesentlichen Lebensinhalt gemacht (Ackermann, 1997). Für diese zahlenmäßig eher kleine Gruppe bestehen weder besondere gesundheitliche Risiken noch Unterstützungsbedarf. Per Selbstdefinition einer veränderten Lebensrolle fallen diese Personen aus der Gruppe der Langzeitarbeitslosen heraus.

2.3.3 Ältere Arbeitslose (50+)

Diese Gruppe stellt insofern eine Risikogruppe dar, als mit zunehmendem Alter das Risiko, langzeitarbeitslos zu werden, deutlich ansteigt (Jäger,

2007), und die Chance auf eine Wiederbeschäftigung sinkt, was zum Teil durch das Senioritätsprinzip der Entlohnung bedingt ist. Auch Beschwerden, gesundheitliche Beeinträchtigungen sowie Komorbidität nehmen mit dem Alter zu. Wenn ein höheres Lebensalter mit einer geringeren Qualifikation und mit Einschränkungen der Gesundheit kombiniert ist, dann steigt das Risiko, langzeitarbeitslos zu bleiben, drastisch an. Das längerfristige Verbleiben in der Langzeitarbeitslosigkeit kann wegen der gegebenen Unsicherheit, der fehlenden Perspektive und den finanziellen Einschränkungen gesundheitliche Belastungen verstärken, so dass sich Krankheiten entwickeln können. Unterstützungen für diese Gruppe sollten sich für das Segment der gesunden, gut qualifizierten Personen auf Unterstützungen der Vermittlung in den ersten Arbeitsmarkt konzentrieren und diese, falls erforderlich, durch Anpassungsqualifikationen abfedern. Es gibt für gesunde Personen keine wissenschaftlichen Befunde, die für ältere Arbeitnehmer das Vorurteil nachlassender Leistungsfähigkeit bestätigen. Vielmehr existieren Belege für eine stabile Leistungsfähigkeit auf vergleichbarem Niveau für Erwerbstätige über die Spanne des Erwerbsalters, sofern die Personen an Arbeitsplätzen tätig sind, die aufgrund lernhaltiger Arbeitsaufgaben ein kontinuierliches Training beruflichen Wissens und Könnens ermöglichen und zu einer Weiterentwicklung beruflicher Kompetenzen herausfordern (Bergmann, Pohland, Pietrzyk, Richter & Eisfeldt, 2004; Ilmarinen & Tempel, 2002). Daraus ist zu schlussfolgern, dass die wirksamste Prävention gegen ein vorzeitiges Verschlechtern der Leistungsfähigkeit und Gesundheit in einer menschengerechten Arbeitsgestaltung und im Ausschöpfen der Möglichkeiten zu einer betrieblichen Gesundheitsförderung besteht, zu denen die Krankenkassen wie in §20 des SGB V geregelt, mit Präventionsmaßnahmen einen Beitrag leisten sollen. Der so entstehende Präventionsaspekt betrifft nicht nur das Vermeiden von Krankheit. Er betrifft auch ein Training der Erwerbstätigen, welches die Kompetenz zur Bewältigung eines Arbeits- oder Berufswechsels steigert, so dass für den Fall eines Arbeitsplatzverlusts ein geringerer Unterstützungsbedarf besteht.

3.   Berufsrückkehrer/innen

Diese Gruppe weist gegenüber der Population der Erwerbstätigen kein spezifisches Gesundheitsrisiko auf. Formal handelt es sich hier um von Arbeitslosigkeit bedrohte Personen. In der Regel hat eine mehrjährige Familienphase die Unterbrechung der Erwerbstätigkeit begründet. Dadurch wurde spezifisches berufliches Wissen und Können nicht angewendet und weiterentwickelt. Diese Personen haben Bedarf an Maßnahmen zur Auffrischung bzw. Aktualisierung ihrer Qualifikation und an Unterstützungen bei der Vermittlung eines Arbeitsplatzes.

4.   Fazit

Eine zusammenfassende Übersicht über Personengruppen, die aufgrund von drohender oder bestehender Arbeitslosigkeit jeweils spezifische Unterstützungsbedarfe aufweisen, enthält die Tabelle 1. Generell gilt jedoch, dass eine Gesundheitsförderung für die Gesamtbevölkerung auch das Ziel haben muss, mit den höheren und zum Teil widersprüchlichen Anforderungen des Arbeitsmarktes zurechtzukommen. Gesundheitsförderung beginnt mit Bildung und Qualifizierung. Die folgenden Maßnahmen sind grundsätzliche Interventionen:
– Schulbildung und Qualifizierung, Werteerziehung,
– Unterstützung selbst organisierten Handelns und von Selbstverantwortung,
– Gesundheitserziehung für alle Altersgruppen, kostengünstige Sportangebote,
– gesellschaftliche Akzeptanz von diskontinuierlichen Erwerbsverläufen (keine Stigmatisierung) und Förderung der Übergänge.

Tab. 1: Zu unterscheidende Gruppen mit spezifischen Unterstützungsbedarfen

Von Arbeitslosigkeit bedrohte Personen	– Informationen über alternative Arbeitsangebote, – evtl. Umschulungen, – evtl. Mobilitätshilfen, – spezifische Trainings zum Umgang mit Stress durch Arbeitslosigkeit und differenzierte Information über gesetzlich bestehende Unterstützungsmaßnahmen
Weniger als 12 Monate arbeitslose Personen	– Unterstützungen beim Auffinden von Arbeitsangeboten, – evtl. Umschulungen, – evtl. Mobilitätshilfen, – spezifische Arbeitsangebote für Personen mit gesundheitlichen Einschränkungen
Junge Langzeitarbeitslose U 25	Für eine Teilmenge: – Schulbildung und Qualifizierung nachholen, – Werterziehung nachholen, – Klärung von Lebens- und Arbeitszielen, – Gesundheitserziehung, Aneignung von Kompetenzen zur selbst verantwortlichen Lebensführung einschließlich Strategien zum Bewerben für einen Arbeitsplatz/Seniorcoaches ausbilden und einsetzen
Langzeitarbeitslose im mittleren Erwachsenenalter	Für eine Teilmenge: – intensive Unterstützung bei der Arbeitsvermittlung (insbesondere für Alleinverdiener), – Qualifikation/Umschulung, – Mobilitätshilfen, – Einfacharbeit, – spezifische Arbeitsangebote für Personen mit gesundheitlichen Einschränkungen
Ältere Langzeitarbeitslose 50+	– Unterstützung bei der Arbeitsvermittlung Für eine Teilmenge: – Qualifikation/Umschulung, – spezifische Arbeitsangebote für Personen mit gesundheitlichen Einschränkungen, – Einfacharbeit, – Arbeitszeit reduzieren
Migranten	– Qualifizierung/Umschulung, – evtl. Sprachkurse
Berufsrückkehrer/innen	– Qualifizierung/Umschulung, – Unterstützung bei der Arbeitsvermittlung

Literatur

Ackermann, C. (1997). Bewältigung von Arbeitslosigkeit. Aachen: Shaker.

Aycan, Z. & Berry, J. W. (1996). Impact of employment related experiences on immigrants' psychological well-being and adaption to Canada. Canadian Journal of Behavioural Science, 28 (3), 240-251.

Bergmann, B., Pohlandt, A., Pietrzyk, U., Richter, F. & Eisfeldt, D. (2004). Alterstrends beruflicher Handlungskompetenz. In B. Bergmann u. a. (Hrsg.), Arbeiten und Lernen, edition QUEM, Bd. 17 (S. 245-273). Münster: Waxmann.

Büching, C., Wagler, S. & Schmidt, M. (2008). Gesundheitsriskantes Verhalten bei jungen Arbeitslosen. In B. Bergmann, U. Pietrzyk & J. Klose (Hrsg.), Beschäftigungsfähigkeit entwickeln, Innovationsfähigkeit und Kompetenz fördern (S. 63-74). Technische Universität Dresden: Eigenverlag.

Dooley, D. & Prause, J. A. (1997). Effects of favourable employment change on alcohol abuse: One- and five-year follow-ups in the National Longitudinal Survey of Youth. American Journal of Community Psychology, 25 (6), 787-807.

Elkeles, T. & Seifert, W. (1992). Arbeitslose und ihre Gesundheit – Empirische Langzeitanalysen. Berlin: Veröffentlichungsreihe der Forschungsgruppe Gesundheitsrisiken und Präventionspolitik, Wissenschaftszentrum Berlin für Sozialforschung.

Gebert, D. & von Rosenstiel, L. (2002). Organisationspsychologie. Stuttgart: Kohlhammer.

Hammarström, A. & Jahnlert, U. (2002). Early unemployment can contribute to adult health problems: results from a longitudinal study of school leavers. Journal Epidemiol. Community Health, 56, 624-630.

Hollederer, A. (2009). Arbeitslosigkeit und Gesundheitsförderung. Vortrag 1. Sächsische Gesundheitszielekonferenz, Dresden, Mai.

Hobfoll, S. E. (1989). Conservation of Resource. A new attempt at conceptualizing Stress. American Psychologist, 44 (3), 513-524.

Hobfoll, S. E. (2001). The influence of culture, community, and the nested-self in the stress-process: Advancing conservation of resource theory. Applied Psychology: An international Review. 50 (3), 337-370.

Ilmarinen,J. & Tempel, J. (2002). Arbeitsfähigkeit 2010. Hamburg: VSA-Verlag.

Jäger, R. (2007). Arbeitsmarkt und psychische Gesundheit. Lengerich: Pabst Science Publishers.

Kieselbach, T. & Beelmann, G. (2006). Ein aktueller Überblick zum Stand der Forschung zu Arbeitslosigkeit und Gesundheit. In A. Hollederer & G. Brand (Hrsg.), Arbeitslosigkeit, Krankheit und Gesundheit (S. 13-31). Bern: Huber.

Paul, K. I., Hassel, A. & Moser, K. (2006). Die Auswirkung von Arbeitslosigkeit auf die psychische Gesundheit. In A. Hollederer & H. Brand (Hrsg.), Arbeitslosigkeit, Gesundheit und Krankheit (S. 35-51). Bern: Huber.

Robert Koch Institut (Hrsg.) (2006). Welche Faktoren beeinflussen die Gesundheit? In Gesundheit in Deutschland, Gesundheitsberichterstattung des Bundes (S. 81-121). Berlin: Robert Koch Institut.

Schmidt, M. (2008). Das Bridges-Projekt. Inhalt und Wirkung. In B. Bergmann, U. Pietrzyk & J. Klose (Hrsg.), Beschäftigungsfähigkeit entwickeln, Innovationsfähigkeit und Kompetenz fördern (S. 53-62). TU Dresden: Eigenverlag.

Schneider, U. (2009). Berufliche Ziele junger Arbeitsloser. Bericht zur Forschungsorientierten Vertiefung an der Professur für Methoden der Psychologie der TUD (unveröff.).

Semmer, N., McGrath, J. E. & Beehr, T. A. (2005). Conceptual issues in research on stress and health. In C. L. Cooper (Ed.), Handbook of Stress and Health. New York: CRC Press.

Udris, I. (1987). Soziale Unterstützung, Stress in der Arbeit und Gesundheit. In H. Keupp & B. Röhrle (Hrsg), Soziale Netzwerke (S. 123-138). Frankfurt: Campus.

Ressourcenorientierung als Strategie zur Gesundheitsförderung von Erwerbslosen

Katrin Rothländer, Susann Mühlpfordt

Zusammenfassung

Der Bedarf an einer gezielten Gesundheitsförderung für Erwerbslose wird inzwischen allgemein anerkannt. Bei der Suche nach geeigneten Interventionen stoßen interessierte Akteure in der Regel auf Ansätze der Verhaltensprävention. Am Beispiel des Gesundheitsförderungsprogramms „Aktive Bewältigung von Arbeitslosigkeit (AktivA)" wird der Frage nachgegangen, welche Mechanismen dieses Training erfolgreich machen und was sich daraus für die Gestaltung der Verhältnisebene ableiten lässt. Der vorliegende Beitrag stellt Ressourcenorientierung als eine zentrale Strategie zur Gesundheitsförderung von Erwerbslosen heraus und ermuntert dazu, dieses Prinzip handlungsleitend in vielfältigen Interaktionen mit Erwerbslosen zu nutzen. Am Beispiel des Kohärenzgefühls als einer für die Lebensbewältigung zentralen Ressource wird ausgeführt, welche Veränderungen für die Etablierung einer gesundheitsförderlichen Arbeitsverwaltung notwendig sind. Abschließend werden Erkenntnisse aus der aktuellen Führungsforschung auf die Arbeit des Fallmanagements übertragen.

1. Einleitung

Das Thema Gesundheitsförderung von Erwerbslosen erfährt gegenwärtig große Beachtung. Nachdem der Fokus lange auf konkreten Programmen im Sinne zeitlich begrenzter Interventionen lag, bietet sich somit die Chance, auch strukturelle Veränderungen, beispielsweise im Bereich der Arbeitsverwaltung, anzugehen. Bevor jedoch konkrete Bedarfe und Handlungsansätze vorgestellt werden, die den Umgang mit der Situation der Erwerbslosigkeit erleichtern können, lohnt ein Blick auf die Definition von Gesundheitsförderung im Allgemeinen. Wie bereits vor einem Vierteljahrhundert von der Weltgesundheitsorganisation (WHO, 1986) in der Ottawa-Charta festgeschrieben wurde, zielt Gesundheitsförderung darauf ab „allen Menschen ein höheres Maß an Selbstbestimmung über ihre Gesundheit zu ermöglichen und sie damit zur Stärkung ihrer Gesundheit zu befähigen. Um ein umfassendes körperliches, seelisches und soziales Wohlbefinden zu erlangen, ist es notwendig, dass sowohl einzelne als auch Gruppen ihre Bedürfnisse befriedigen, ihre Wünsche und Hoffnungen wahrnehmen und verwirklichen sowie ihre Umwelt meistern bzw. verändern können." Damit die beschriebene Zielstellung erreicht werden kann, sind aus Sicht der WHO die folgenden Ansätze erforderlich:

1. Anwaltschaft für die Gesundheit *(Advocate)*
Gesundheit muss als wesentliche Bedingung für soziale, ökonomische und persönliche Entwicklung anerkannt werden. Entsprechend ist ein aktives Eintreten für die Gesundheit auf verschiedenen Ebenen erforderlich, angefangen bei einer gesundheitsförderlichen Ausrichtung von Politik und Wirtschaft, über die Gestaltung des sozialen, kulturellen und ökologischen Umfelds bis hin zur Förderung individuellen Gesundheitsverhaltens.

2. Befähigen und Ermöglichen *(Enable)*
Menschen müssen Einfluss nehmen können auf die Faktoren, die ihre Gesundheit bestimmen. Dies ist insbesondere von Bedeutung, um soziale Unterschiede im Gesundheitszustand zu verringern. Entsprechende Strategien bestehen einerseits in der Vermittlung von Kompetenzen und dem Aktivieren bereits vorhandener Ressourcen, aber auch im Einräumen von Handlungs- und Entscheidungsspielräumen, durch welche gesundheitsförderliches Verhalten überhaupt erst möglich wird.

3. Vermitteln und Vernetzen *(Mediate)*
Aufgrund von unterschiedlichen Interessen in der Gesellschaft muss das Anliegen der Gesundheitsförderung den jeweiligen Akteuren vermittelt und gegebenenfalls ein Interessenausgleich erzielt werden. Im Hinblick auf die Komplexität von Gesundheitsförderung ist ein koordiniertes Zusammenwirken der Akteure innerhalb und außerhalb des Gesundheitswesens erforderlich. So können zum einen die Angebotsstrukturen aufeinander ab-

gestimmt werden und zum anderen die Zielpersonen an die geeigneten Partner verwiesen werden.

Ressourcenorientierung lässt sich in den Bereich der Befähigung und Ermöglichung einordnen und vereint idealerweise sowohl Ansätze der Verhaltens- als auch der Verhältnisprävention in sich. Einem ressourcenorientierten Verständnis von Gesundheitsförderung zufolge werden Menschen nicht mehr als entweder krank oder gesund betrachtet. Stattdessen liegt das Augenmerk auf relativern Verbesserungen hin zu einem erhöhten Wohlbefinden. Dem entspricht auch ein Verständnis von Gesundheit als „Gleichgewichtsstadium (...), das zu jedem lebensgeschichtlichen Zeitpunkt immer erneut in Frage gestellt ist" (Hurrelmann, 2006, S. 146) und auf dessen Wiederherstellung hingearbeitet werden muss. Unterstützt durch den Ansatz der Salutogenese (Antonovsky, 1979) steht dabei die Frage im Vordergrund, was Menschen gesund erhält – auch unter schwierigen Lebensbedingungen wie zum Beispiel Erwerbslosigkeit. Mit dieser Zielstellung wird zunächst ein verhaltensbezogenes Trainingsprogramm dargestellt, aus dem sich zugleich Schlussfolgerungen für die Gestaltung der Verhältnisebene ableiten lassen.

2. Förderung psycho-sozialer Ressourcen in Training und Beratung

In Anbetracht der in der Regel nicht selbst gewählten Situation der Erwerbslosigkeit (Beste, Bethmann & Trappmann, 2010), den damit verbundenen finanziellen Nöten und den vermehrten zwischenmenschlichen Konflikten, ist bei Erwerbslosen kaum ein Lebensbereich von Belastungen ausgenommen. Insbesondere bei länger anhaltender Erwerbslosigkeit kommt es in Folge der andauernden negativen Beanspruchung zu deutlichen Beeinträchtigungen des psychischen Befindens (z.B. Paul & Moser, 2009). Um Menschen im Umgang mit ihrer Erwerbslosigkeit zu unterstützen, sind Kompetenzen erforderlich, die am Erhalt von psycho-sozialen Ressourcen ansetzen. Dies korrespondiert mit einer Definition von Gesundheit als „Fähigkeit zur Problemlösung und Gefühlsregulierung" (Badura & Hehlmann, 2003, S. 18), durch die das seelische und körperliche

Befinden, ein positiver Selbstwert sowie unterstützende soziale Beziehungen erhalten oder wiederhergestellt werden.

Eine entsprechende Unterstützung auf der Verhaltensebene kann im Rahmen von psycho-sozialen Trainings, aber auch im Rahmen von Beratung erfolgen. Am Beispiel des Gesundheitsförderungsprogramms „Aktive Bewältigung von Arbeitslosigkeit (AktivA)" (Rothländer, 2009) soll zunächst exemplarisch dargestellt werden, was Ressourcenorientierung im Kontext von Erwerbslosigkeit bedeuten kann. Das Training basiert auf bewährten kognitiv-behavioralen Techniken, die mit Anwendungsbeispielen aus dem Alltag von Erwerbslosen verknüpft werden. Wie die Evaluationsergebnisse zeigen, wird AktivA von der Zielgruppe positiv angenommen und führt zu einer Verringerung der körperlichen und psychischen Beschwerden. Durch die Förderung im Rahmen des Sächsischen Gesundheitsziels „Gesundheitsförderung bei Arbeitslosen" ist das Training inzwischen nachweislich mit mehreren hundert Erwerbslosen durchgeführt worden. Die Nachfrage von Praktikern aus der Erwerbslosenarbeit, die sich zu AktivA-Multiplikatoren ausbilden lassen möchten, ist hoch und wird vorwiegend von Personen mit sozialpädagogischem Hintergrund genutzt (nähere Informationen zu den Multiplikatorenschulungen siehe http://aktiva.tu-dresden.de).

Mit dem Gesundheitsförderungsprogramm AktivA werden den erwerbslosen Teilnehmern die folgenden Kompetenzen vermittelt:

---

1. Aktivitätenplanung:
Kompetenzen zur Planung ganzheitlicher und ausgewogener Aktivitäten (Balance zwischen notwendigen und angenehmen, körperlichen und geistigen sowie individuellen und gemeinsamen Aktivitäten), Wahrnehmung von Möglichkeiten zur gesellschaftlichen Teilhabe

2. Konstruktives Denken:
Strategien, um das eigene Denken für die Verwirklichung von Zielen zu nutzen

3. Soziale Kompetenzen und soziale Unterstützung:
Durchsetzen von Recht, Pflegen von Beziehungen, Herstellen neuer Kontakte; Wahrnehmen, Annehmen und Geben von sozialer Unterstützung

4. Systematisches Problemlösen:
Initiierung von Zielfindungsprozessen, Ausräumen möglicher Zielkonflikte, Entspannung, Sammeln und Auswählen von Lösungsansätzen, Überwinden von Hindernissen, Umgang mit Misserfolgen

---

Abb. 1: Inhalte des Gesundheitsförderungsprogramms AktivA

In jeder Einheit wird die Aufmerksamkeit auf ein bestimmtes Themengebiet gelenkt, das die Teilnehmer mit ihren eigenen Erfahrungen ausfüllen. Dabei wird die aktuelle Situation der Teilnehmer mit ihren *individuellen Wünschen und Bedürfnissen* abgeglichen, was die Offenheit für Veränderungen steigert. Durch den Austausch in der Gruppe erfahren die Teilnehmer Gemeinsamkeiten und Unterschiede in den Auswirkungen von Erwerbslosigkeit. Dies ermöglicht zum einen *differenzierte Ursachenzuschreibungen* und Bewertungen, zum anderen können die Teilnehmer gegebenenfalls *am Modell anderer Teilnehmer lernen*. Der Einflussbereich der Kursleitung beschränkt sich darauf, Konsequenzen von Verhaltens- und Denkweisen aufzuzeigen und die Übereinstimmung mit den Zielen des jeweiligen Teilnehmers zu hinterfragen. Die Kursleitung assistiert zudem bei der *Planung und Einübung von Verhaltensänderungen*, deren Auslöser jedoch immer die Absichtsbildung und die Initiative der Teilnehmer selbst sind. Die Teilnehmer werden stets als Person geachtet und in ihrer Eigenverantwortung für ihre Gesundheit respektiert. Entsprechende *Möglichkeiten zur Partizipation* werden bereits zu Beginn des Trainings erfahrbar gemacht, indem die Teilnehmer nach ihren Erwartungen an das Training gefragt werden und sie auf die Festlegung der Gruppenregeln Einfluss nehmen können. Auch das Feedback am Ende jeder Kurseinheit sowie die schriftliche Befragung der Teilnehmer trägt dazu bei, das Training immer weiter an die Bedarfe von Erwerbslosen anzupassen (siehe auch http://www.partizipative-qualitaets entwicklung.de).

Methodisch wird viel Wert darauf gelegt, die Teilnehmer positiv zu verstärken und somit zu einer Erhöhung ihrer *Selbstwirksamkeit* beizutragen. Dazu zählt beispielsweise, die bisherige Lebensleistung anzuerkennen sowie *Stärken und Kompetenzen auch außerhalb von Erwerbsarbeit zu ermitteln*. Wann immer sich die Möglichkeit dazu bietet, werden die Ressourcen der Teilnehmer auch für die Kursdurchführung mit einbezogen – sei es, dass die Teilnehmer als Experten für bestimmte Themen angesprochen werden oder dass sie darum gebeten werden, kleinere Übungen anzuleiten (z.B. aus den Bereichen Bewegung und Entspannung). Die Ergebnisse der bearbeiteten Themen, ob in Einzelarbeit oder in Kleingruppen, werden immer von den Teilnehmern selbst vorgestellt und *durch die Kursleitung gewürdigt*. Wichtig ist auch den Teilnehmern zu vermitteln, dass es nicht um das Erreichen eines absoluten, für alle Teilnehmer einheitlichen Zielzustandes geht, sondern um *individuelle, relative Verbesserungen* im subjektiven Befinden. Die dafür erforderlichen Veränderungen im Denken und Verhalten müssen immer an die jeweilige Lebenssituation angepasst sein. So sind beispielsweise die finanzielle und soziale Situation der Teilnehmer mit zu berücksichtigen. Schwierigkeiten, die bei der Umsetzung auftreten können, werden nach Möglichkeit bereits im Vorfeld bedacht. Für den Fall, dass sich diese nicht beheben lassen, werden *alternative Lösungswege* festgehalten. Um zu fördern, dass ein Ziel auch tatsächlich bis zu seiner Erreichung verfolgt wird, werden *Belohnungen* vorgesehen, die sich die Teilnehmer bereits bei erfolgreich absolvierten Zwischenschritten zukommen lassen.

Ein vergleichbar ressourcenorientiertes Vorgehen ist auch im Rahmen von sozialpädagogischer Beratung üblich. Bezogen auf die Gesundheitsberatung Arbeitsloser hat das Deutsche Netzwerk für Betriebliche Gesundheitsförderung (DNBGF, 2009) Qualitätsstandards definiert, zu denen unter anderem die folgenden Kompetenzen seitens der Berater zählen (siehe S.14):

– Gesprächsführungskompetenz
– Kompetenz, persönliche Probleme und Bedarfslagen zu erkennen und einzuordnen
– Kompetenz, eine tragfähige Beratungsbeziehung herzustellen
– Kompetenz, einen Fall umfassend zu bewerten und Konsequenzen abzuleiten
– Kompetenz zur realistischen Einschätzung der Bewältigungsressourcen
– Fähigkeit, Grenzen der Beratung zu erkennen/Verweisungskompetenz
– Wissen um kulturspezifische Fragestellungen und Besonderheiten sowie interkulturelle Kompetenz
– Orientierung auf Wirksamkeit und Nachhaltigkeit von Gesundheitsförderung
– Konflikt- und Krisenmanagement.

Die aufgeführte Verweisungskompetenz, die eine Vernetzung der Berater oder Trainer mit anderen regionalen Akteuren voraussetzt, ist einerseits für die Bearbeitung spezifischer Problemlagen sinnvoll, andererseits aber auch dafür, um den Teilnehmern kontinuierliche Möglichkeiten der gesellschaftlichen Teilhabe zu bieten. Dies kann zum Beispiel die ehrenamtliche Mitarbeit in einem Verein bedeuten oder die Inanspruchnahme kostenloser Angebote zur Freizeitgestaltung. Konkrete Gesundheitsförderungsangebote im Kontext von Erwerbslosigkeit finden sich unter http://www. gesundheitliche-chancengleichheit.de.

Für die Arbeit mit Gruppen, sei es im Rahmen von Gruppenberatungen oder Trainings, sind zudem Erfahrungen mit der Anleitung und Moderation von Gruppen empfehlenswert. Bei der Ausbildung von Multiplikatoren empfiehlt es sich, die zu vermittelnden Methoden im Rahmen von Selbsterfahrung erproben zu lassen, da somit die Authentizität und Glaubwürdigkeit der Trainer gestärkt wird. Allerdings wurde im Zuge der Umsetzung von AktivA immer wieder deutlich, wie wichtig darüber hinaus auch die Ausrichtung der Rahmenbedingungen beispielsweise bei Bildungs- und Beschäftigungsträgern oder im Fallmanagement ist. Folglich liegt nahe, dass die durch das Training erzielte Aktivierung und Befindensverbesserung um so eher aufrechterhalten werden können, wenn auch die für Erwerbslose zuständigen Akteure ressourcenorientiert arbeiten und Gesundheit als Wert anerkennen.

3. Kohärente Rahmenbedingungen als Voraussetzung für die Bewältigung von Erwerbslosigkeit

Die Wechselwirkung zwischen individuellen Ressourcen und den Bedingungen auf Verhältnisebene lässt sich beispielsweise an dem Konstrukt des Kohärenzgefühls (Antonovsky, 1979) verdeutlichen, das von zentraler Bedeutung für die Lebensbewältigung ist. „Der Begriff drückt eine tief verankerte Zuversicht aus, das eigene Leben und die Lebenswelt im Wesentlichen für erklärbar und kontrollierbar zu halten, sodass auftretende Belastungen verschiedenster Art bewältigt werden können" (Hurrelmann, 2006, S. 123). Dieses Gefühl entwickelt sich bereits früh im Lebenslauf und speist sich aus den Interaktionen mit der Familie und anderen sozialen Institutionen wie z.B. der Schule. Entgegen ursprünglichen Annahmen stellen neuere Befunde die häufig postulierte Stabilität des Kohärenzgefühls in Frage (z.B. Smith, Breslin & Beaton, 2003). In einer finnischen Längsschnittstudie (Liukonnen et al., 2010) wurde entsprechend eine Abnahme des Kohärenzgefühls beim Eintreten von Erwerbslosigkeit nachgewiesen. Vastamäki, Moser und Paul (2009) konnten umgekehrt zeigen, dass die

Rückkehr in das Erwerbsleben mit einer deutlichen Steigerung des Kohärenzgefühls einhergeht.

Eine bislang wenig beachtete Frage ist, inwiefern die Strukturen der Arbeitsverwaltung Einbußen im Kohärenzgefühl mindern könnten. Dafür müssten ihre Regelungen und Instrumente darauf ausgerichtet sein,

1. die Anforderungen und den weiteren Verlauf der Erwerbslosigkeit für die Betroffenen möglichst durchschaubar und transparent zu machen *(Verstehbarkeit)*,

2. Möglichkeiten der Reaktion und der Einflussnahme auf die Situation der Erwerbslosigkeit aufzuzeigen *(Handhabbarkeit)*,

3. Lebensläufe auch in Phasen ohne Erwerbstätigkeit als sinnhaft anzuerkennen *(Sinnhaftigkeit)*.

Um mit dem Aspekt der *Verstehbarkeit* zu beginnen, sehen sich viele Erwerbslose mit einer Reihe von Widersprüchen konfrontiert. Beispielsweise werden Personen mit Vermittlungshemmnissen ungeachtet des stark eingeschränkten Arbeitsplatzangebotes zu maximaler Verfügbarkeit verpflichtet. Demzufolge muss Ortsabwesenheit vorab genehmigt werden und Ehrenamt darf nur im Umfang von maximal 15 Stunden ausgeübt werden. Auch die Rhetorik des Forderns suggeriert, dass Erwerbslose doch arbeiten könnten, wenn sie nur den entsprechenden Willen zeigen würden. Entsprechend hoch sind die Widerstände, die gegenüber den Institutionen der Arbeitsverwaltung zum Ausdruck gebracht werden und in Einzelfällen bis hin zu Bedrohungen und Übergriffen führen (Manz et al., 2009). Dies ist besonders fatal, da entsprechend nonkonformes Verhalten durch soziale Stigmatisierungsprozesse (Goffman, 1975) zu einer weiteren Abwertung von Erwerbslosen in der Öffentlichkeit beiträgt.

In der Systemischen Therapie gibt es Empfehlungen zum Umgang mit Personen in restriktiven Situationen (Cohen, 2005): Zunächst sollten Widerstände ungeachtet der Rechtssprechung als funktional betrachtet werden, indem sie beispielsweise ein legitimes Streben nach Autonomie zum Ausdruck bringen oder als Schutz vor Enttäuschungen dienen. Des Weiteren sollten die bestehenden Rahmenbedingungen auf der Meta-Ebene reflektiert werden, damit Erwerbslose nachvollziehen können, welche Regelungen inhaltlich begründet sind und wo rein formale Erfordernisse vorliegen. Ergänzend kann die Verstehbarkeit auch dadurch erhöht werden, dass Fördermöglichkeiten immer in ihrem Stellenwert für das Erreichen konkreter

Ziele erläutert werden und Transparenz in Bezug auf die Kriterien der Zielerreichung hergestellt wird. Dabei sollte anstelle von einzelnen, zum Teil kurzfristig und ungeachtet der Vorbildung vergebenen Maßnahmen gemeinsam mit den Erwerbslosen eine mittel- bis längerfristige Förderstrategie entwickelt werden.

Was den Aspekt der *Handhabbarkeit* anbelangt, so sollte nach Cohen (2005) die Zahl der Möglichkeiten für den Klienten maximiert werden. Beispiele wären die Eröffnung von Wahlmöglichkeiten zwischen unterschiedlichen Qualifizierungs- und Beschäftigungsmaßnahmen, Trainings- und Beratungsangeboten zur Bewältigung von Erwerbslosigkeit, die Anerkennung von freiwillig gemeinnützigem Engagement, die Berücksichtigung von familiären Anforderungen wie Erziehung und Pflege etc.

Die *Sinnhaftigkeit* erscheint als der am schwierigsten zu beeinflussende Aspekt des Kohärenzgefühls. Dementsprechend stellten Vastamäki, Moser und Paul (2009) fest, dass sich durch ein verhaltensbezogenes Training zwar Verstehbarkeit und Handhabbarkeit steigern ließen, Sinnhaftigkeit jedoch erst mit Beendigung der Erwerbslosigkeit hergestellt wurde. Richter und Nitsche (2003) kamen bei einer Untersuchung von Erwerbslosen in freiwillig gemeinnützigen Tätigkeiten zu dem Schluss, dass hier zumindest kurzfristig Steigerungen im Kohärenzgefühl eintreten können. Folglich könnte ein sinnstiftender Ansatz darin bestehen, die Ausübung qualifizierender bzw. qualifikationserhaltender Tätigkeiten während der Erwerbslosigkeit wie auch die Wahrnehmung von Bildungsangeboten in Form von Credit Points o.Ä. zu honorieren. Diese könnten vor der Maßgabe des lebenslangen Lernens auch im Berufsleben anerkannt und weiter gesammelt werden. Gerade für die Förderung von Sinnhaftigkeit erscheint es unabdingbar, die Sicht auf Erwerbslose und den Umgang mit Erwerbslosen grundlegend zu verändern. Eine entsprechend ressourcenorientierte Praxis muss dabei auch vom Fallmanagement mitgetragen werden.

4. Schlussfolgerungen für eine Neuausrichtung des Fallmanagements

Erwerbslose Leistungsempfänger werden seit den Hartz-Reformen auch als „Kunden" bezeichnet. Dieser Begriff hat seine Berechtigung, wenn Erwerbslose als Nutznießer von Dienstleistungen (Empfang von Arbeitslosengeld, Unterstützung bei der Arbeitssuche etc.) angesehen werden. Dem widersprechen jedoch die expliziten Mitwirkungspflichten, zum Beispiel in Bezug auf den Zeitpunkt der Arbeitslosmeldung oder in Bezug auf die Annahme zugewiesener Maßnahmen der Beschäftigungsförderung. Bei Nicht-Einhaltung droht darüber hinaus die Kürzung oder Streichung der Transferleistungen. Unbestritten ist, dass im Zusammenhang mit der Beratung und Vermittlung von erwerbslosen Leistungsempfängern auch Führungsaufgaben auszuüben sind. Entsprechend gehört es beispielsweise zum Aufgabenspektrum von Fallmanagern, Leistungsvorgaben zu formulieren (z.B. hinsichtlich der Zahl der Bewerbungen in einem definierten Zeitraum), Zielvereinbarungen mit den Leistungsempfängern abzuschließen und ihnen Rückmeldung zu geben. Dies wirft die Frage auf, welcher Führungsstil dabei vorrangig praktiziert wird. Für die Auswahl eines geeigneten Führungsstils ist es zunächst sinnvoll, relevante Kriterien zu definieren, wie z.B. Transparenz, Motivation, Partizipation, Kompetenzentwicklung o.Ä. Da die Kriterienbestimmung durch die Jobcenter selbst erfolgen muss, werden im Folgenden exemplarisch zwei Führungsstile einander gegenübergestellt, die in der jüngeren Forschung verstärkt Aufmerksamkeit erfahren haben: der transaktionale und der transformationale Führungsstil (Bass & Avolio, 1994). Transaktionale Führung ist eher analytisch, sachlich distanziert und konzentriert sich auf Steuerungs- und Kontrollprozesse. Transformationale Führung zeichnet sich darüber hinaus durch ein starkes Interesse an den zu führenden Personen aus und zielt auf eine kontinuierliche Weiterentwicklung von Fähigkeiten und Eigenverantwortung der Geführten ab. Mit anderen Worten motiviert transformationale Führung dazu, mehr zu erreichen, als man selbst für möglich gehalten hat (Bass & Riggio, 2006). Empirische Belege für positive Effekte auf Selbstwirksamkeitserwartung und Commitment der Geführten finden sich z.B. bei Rafferty und Griffin (2004), eine Übersicht zu den positiven Effekten auf Faktoren wie Zufriedenheit, Motivation und Leistung der Geführten liefert die Metaanalyse von Judge und Piccolo (2004).

Während der transaktionale Führungsstil dazu dient, den Status Quo zu verwalten, ermöglicht der transformationale Führungsstil eine Anpassung an sich verändernde Umweltbedingungen. Übertragen auf das Setting Arbeitsverwaltung lässt sich die Frage formulieren, auf welcher Zielstellung hier die Priorität liegt. Soll der Zustand der Erwerbslosigkeit vorrangig verwaltet werden, indem das Einhalten von Formalien zur Legitimation von

Sozialleistungen im Vordergrund steht? Oder sollen Erwerbslose gerüstet werden für einen dynamischen Arbeitsmarkt, in dem zunehmend auch Ressourcen wie Selbstmanagement und soziale Kompetenzen eine Rolle spielen? Derartige Fragen können schwerlich beantwortet werden, ohne den rechtlichen Rahmen und die personellen Kapazitäten in den Jobcentern mit in den Blick zu nehmen. Zwar liegen inzwischen wirksame Programme vor, die zur Herausbildung eines transformationalen Führungsstils eingesetzt werden können (z.B. Kets de Vries, Hellwig, Guillen Ramo, Florent-Treacy & Korotov, 2008), jedoch erfordert transformationale Führung eine intensive Kommunikation mit den Leistungsempfängern, die in Anbetracht des gegenwärtigen Betreuungsschlüssels kaum realisierbar erscheint.

Werden die Prinzipien der transformationalen Führung (nach Avolio & Bass, 2004; Felfe, 2006) auf das Fallmanagement übertragen, so könnte sich dies auf Erwerbslose wie folgt auswirken:

1. Erwerbslose bauen Vertrauen zu ihren Fallmanagern auf und verhalten sich ihnen gegenüber loyal.
2. Erwerbslose fühlen sich von ihren Fallmanagern in Bezug auf ihren weiteren Werdegang inspiriert und motiviert.
3. Erwerbslose werden durch ihre Fallmanager zu kreativem, innovativem Denken und zu eigenständigen Problemlösungen angeregt.
4. Erwerbslose erleben, dass Fallmanager auf ihre individuellen Bedürfnisse eingehen, ihnen gut zuhören und gezielt ihre Fähigkeiten und Stärken entwickeln.

Bemerkenswert ist, dass durch einen transformationalen Führungsstil alle drei Dimensionen des Kohärenzgefühls – Verstehbarkeit, Handhabbarkeit und Sinnhaftigkeit – bedient werden. Ein entsprechend förderlicher Effekt von tranaformationaler Führung auf die psychische Gesundheit konnte in unterschiedlichen Studien nachgewiesen werden (Gilbreath & Benson, 2004; van Dierendonck, Haynes, Borill & Stride, 2004). Auch infolge von Trainings in transformationaler Führung ließ sich eine Steigerung des Wohlbefindens bei den zu Führenden feststellen (Barling, Weber & Kelloway, 1996; Kelloway & Barling, 2000).

Neben dem in den Jobcentern praktizierten Führungsstil bestehen auch Einflussmöglichkeiten auf die lern- und gesundheitsförderliche Gestaltung von Beschäftigungsmaßnahmen. Mühlpfordt und Richter (in diesem

Band) legen dar, dass Kriterien guter Arbeit auch für Tätigkeiten jenseits von Erwerbsarbeit gelten. Die Einhaltung dieser Kriterien sollte bereits in der Ausschreibung von Maßnahmen eingefordert werden und in der Umsetzungsphase kontrolliert werden. Darüber hinaus sollten auch bei einer Vermittlung in den ersten Arbeitsmarkt die Qualität der Tätigkeit geprüft werden und die gebotene Beschäftigungsperspektive hinterfragt werden, denn eine Wiederbeschäftigung um jeden Preis ist nicht zwingend gesundheitsförderlich (siehe Lucas & Diener, 2004; Wanberg, 1995).

Die in diesem Beitrag beschriebenen Interventionen sind sowohl in personeller wie auch finanzieller Hinsicht mit Aufwand verbunden. Gleichwohl können die gesellschaftlichen Kosten, die die gesundheitlichen Folgen von Erwerbslosigkeit mittel- bis längerfristig verursachen, lediglich dann eingegrenzt werden, wenn Gesundheitsförderung für Erwerbslose auch verhältnisbezogen begriffen wird. Dafür müssen Erwerbslose auch außerhalb von Trainings und Beratung mit ihren Ressourcen wahrgenommen werden und es muss ihnen die Möglichkeit eingeräumt werden, ihre Kompetenzen zu nutzen und zu entwickeln. Dies ist nur vorstellbar unter der Voraussetzung aufeinander abgestimmter Förderstrategien, einer individuelleren Betreuung und eines weniger restriktiven Rahmens, als ihn die Arbeitsverwaltung gegenwärtig bietet (siehe auch Beste, Bethmann & Trappmann, 2010). Vor dem Hintergrund des prognostizierten Fachkräftemangels führt jedoch kein Weg daran vorbei, in genau diese Rahmenbedingungen zu investieren.

Literatur

Antonovsky, A. (1979). Health, Stress and Coping. San Francisco: Jossey-Bass.

Avolio, B.J. & Bass, B.M. (2004). Multifactor Leadership Questionnaire (3rd ed.). Redwood City: Mindgarden.

Barling, J., Weber, T. & Kelloway, E.K. (1996). Effects of transformational leadership training on attitudinal and fiscal outcomes: A field experiment. Journal of Applied Psychology, 81, 827-832.

Bass, B.M. & Avolio, B.J. (Eds.) (1994). Improving organizational effectiveness through transformational leadership. Thousand Oaks: Sage Publications.

Bass, B.M. & Riggio, R.E. (2006). Transformational leadership (2nd ed.). Mahwah, NJ: Erlbaum.

Beste, J., Bethmann, A. & Trappmann, M. (2010). Arbeitsmotivation und Konzessionsbereitschaft. ALG-II-Bezug ist nur selten ein Ruhekissen. IAB-Kurzbericht Nr. 15.

Bundeszentrale für gesundheitliche Aufklärung (BZgA) (2010) (4. erw. und überarb. Auflage). Kriterien guter Praxis in der Gesundheitsförderung bei sozial Benachteiligten. Köln: BZgA. http://www.bzga.de/botmed_60645000.html

Deutsches Netzwerk für Betriebliche Gesundheitsförderung (DNBGF) (2009). Qualitätsstandards in der Gesundheitsberatung Arbeitsloser. Ein Praxisleitfaden für Finanziers, Projektentwickler und Akteure der Versorgungslandschaft. Essen: DNBGF. http://www.dnbgf.de/fileadmin/texte/Downloads/uploads/ dokumente/2009/DNBGF_Broschuere_Arbeitslose_web.pdf

Cohen, R. (2005). Zwangskontexte konstruktiv nutzen. Psychotherapie im Dialog, 6, 166-169.

Felfe, J. (2006). Validierung einer deutschen Version des „Multifactor Leadership Questionnaire" (MLQ 5 X Short) von Bass und Avolio (1995). Zeitschrift für Arbeits- und Organisationspsychologie, 50, 61-78.

Gilbreath, B. & Benson, P.G. (2004). The contribution of supervisor behaviour to employee psychological well-being. Work & Stress, 18, 255-266.

Goffman, E. (1975). Stigma. Über Techniken der Bewältigung beschädigter Identität. Frankfurt a.M.: Suhrkamp.

Hurrelmann, K. (2006). Gesundheitssoziologie. Eine Einführung in sozialwissenschaftliche Theorien von Krankheitsprävention und Gesundheitsförderung. Weinheim: Juventa.

Judge, T.A. & Piccolo, R.F. (2004). Transformational and transactional leadership: A meta-analytic test of their relative validity. Journal of Applied Psychology, 89, 755-768.

Kelloway, E.K. & Barling, J. (2000). What we have learned about developing transformational leaders. Leadership and Organizational Development Journal, 21, 355-362.

Kets de Vries, M., Hellwig, T., Guillen Ramo, L. Florent-Treacy, E. & Korotov, K. (2008). Long-term effectiveness of a transformational leadership development program: An exploratory study. INSEAD Working Paper 24/EFE, Fontainbleau Cedex.

Liukonnen, V., Virtanen, P., Vahtera, J., Suominen, S., Sillanmäki, L. & Koskenvuo, M. (2010). Employment trajectories and changes in sense of coherence. The European Journal of Public Health, 20 (3), 293-298.

Lucas, R.E., Clark, A.E., Georgellis, Y. & Diener, E. (2004). Unemployment alters the set point of life satisfaction. Psychological Science, 15, 8-15.

Manz, R., Boden, D., Hetmeier, J., Laskus, S., Päßler, K., Erckens, V. & Arndt, H. (2009). Zwischenbericht zum Projekt Arbeitsbelastungen und Bedrohungen in Arbeitsgemeinschaften nach Hartz IV. München: Deutsche Gesetzliche Unfallversicherung. http://www.luk-nds.de/downloads/zwischenbericht_ab ba.pdf

Paul, K.I. & Moser, K. (2009). Metaanalytische Moderatoranalysen zu den psychischen Auswirkungen der Arbeitslosigkeit – Ein Überblick. In A. Hollederer (Hrsg.), Gesundheit von Arbeitslosen fördern (S. 12-39)! Frankfurt a.M.: Fachhochschulverlag.

Rafferty, A.E. & Griffin, M.A. (2004). Dimensions of transformational leadership: Conceptual and empirical extensions. Leadership Quarterly, 15, 329-354.

Richter, P. & Nitsche, I. (2003). Langzeiterwerbslosigkeit und Gesundheit: Stabilisierende Effekte durch Tätigkeiten außerhalb der Erwerbsarbeit. Zentralblatt für Arbeitsmedizin, Arbeitsschutz und Ergonomie, 52 (7), 194-199.

Rothländer, K. (2009). Training psycho-sozialer Kompetenzen für Arbeitslose am Beispiel des Gesundheitsförderungsprogramms AktivA. In A. Hollederer (Hrsg.), Gesundheit von Arbeitslosen fördern (S. 155-167)! Frankfurt a.M.: Fachhochschulverlag.

Smith, P.M., Breslin, F.C. & Beaton, D.E. (2003). Questioning the stability of sense of coherence. The impact of socio-economic status and working conditions in the Canadian population. Social Psychiatry and Psychiatric Epidemiology, 38 (9), 475-484.

van Dierendonck, D., Haynes, C., Borrill, C. & Stride, C. (2004). Leadership behavior and subordinate well-being. Journal of Occupational Health Psychology, 9, 165-175.

Vastamäki, J., Moser, K. & Paul, K.I. (2009). How stable is the sense of coherence? Changes following an intervention for unemployed individuals. Scandinavian Journal of Psychology, 50, 161-171.

Wanberg, C.R. (1995). A longitudinal study of the effects of unemployment and quality of reemployment. Journal of Vocational Behavior, 46, 40-54.

Weltgesundheitsorganisation (WHO) (1986). Ottawa-Charta zur Gesundheitsförderung. http://www.who.int/hpr/NPH/docs/ottawa_charter_hp.pdf.

IV. Tätigkeitsgestaltung und Interventionsbeispiele

Kriterien menschengerechter Arbeit in öffentlich geförderter Beschäftigung

Susann Mühlpfordt, Peter Richter

Zusammenfassung

Kriterien humaner Aufgabengestaltung, wie sie z.b. in der DIN EN ISO 9241-2 enthalten sind, spielen bislang noch keine Rolle bei der Auswahl von Beschäftigungsmaßnahmen. Doch auch für öffentlich geförderte Beschäftigung stellt sich die Frage, welche Merkmale der Arbeitstätigkeit zur Gesunderhaltung und Motivation der Beschäftigten beitragen. Anhand einer Studie mit 91 Teilnehmern in sozialen Arbeitsgelegenheiten wird beispielhaft gezeigt, dass Kriterien humaner Arbeit, insbesondere Autonomie, Rückmeldungen und weiterführende berufliche Entwicklungsperspektiven auch in Beschäftigungsmaßnahmen für gesundheitliches Befinden und Aktivität bedeutsam sind. Je stärker die Tätigkeiten diesen Kriterien entsprechen, umso besser fallen das psychische Befinden und der Selbstwert aus.

1. Öffentlich geförderte Tätigkeiten

Das Auffangen aller Menschen im sozialen Netz ist eine starke gesellschaftliche Herausforderung. Eine Vielzahl neuer Formen sozioökonomischer Einbindung wird mit unterschiedlichem Erfolg erprobt, um diejenigen gesellschaftlich teilhaben zu lassen, die vorübergehend oder ständig aus der Erwerbsarbeit ausgeschlossen sind. In der Arbeitsmarktpolitik wird dem öffentlich geförderten Arbeitsmarkt dabei eine starke Bedeutung beigemessen.

Seit Inkrafttreten des zweiten Sozialgesetzbuches (SGB II) im Jahre 2005 waren Arbeitsgelegenheiten in der Mehraufwandsvariante, sogenannte Ein-Euro-Jobs, bisher das am häufigsten genutzte Instrument der aktiven Arbeitsmarktpolitik. Mehr als 750.000 Personen waren seitdem jährlich in diesen Beschäftigungsgelegenheiten tätig (Wolff & Hohmeyer, 2008; Hohmeyer & Wolff, 2010). Die Mehrzahl der Maßnahmen geht dabei nicht über sechs Monate hinaus und ist zeitlich überwiegend auf 30 Stunden pro Woche beschränkt, um den Teilnehmern ausreichend Zeit für weitere Bewerbungstätigkeiten zu geben. Ziel ist es, die Integrationschancen von besonders schwer vermittelbaren Erwerbslosen in den ersten Arbeitsmarkt zu verbessern, sie sozial zu stabilisieren und ihre Beschäftigungsfähigkeit zu erhöhen (Bundesagentur für Arbeit, 2009). Gleichzeitig werden diese Arbeitsgelegenheiten auch als Gegenleistung für staatliche Transferleistungen angesehen und dienen ebenso dazu, die Arbeitsbereitschaft der Leistungsempfänger zu prüfen. Wie aus der oben genannten Zielsetzung deutlich wird, ist das Anliegen von Beschäftigungsgelegenheiten jedoch nicht nur die Wiedervermittlung, sondern auch eine psychosoziale Stabilisierung und Verbesserung der Beschäftigungsfähigkeit der Teilnehmenden. Bisherige Analysen konzentrieren sich bislang vorrangig auf die Wiedervermittlungsquote und sind daher unzureichend zur Einschätzung, ob die Maßnahmen das formulierte Ziel erreichen. Wenn dabei beachtet wird, dass die eigentliche Zielgruppe für Arbeitsgelegenheiten Personen mit besonderen Vermittlungshemmnissen sind, sollte ein wesentlicher Evaluationsfokus die Verbesserung der Beschäftigungsfähigkeit sein (Gazier, 1999; Blancke, Roth & Schmid, 2000). Hierzu zählen neben qualifikationsbezogenen Anteilen, wie Methoden- und Fachkompetenzen, auch soziale Kompetenzen sowie für die Vermittlung relevante Aspekte psychischer und physischer Gesundheit. Arbeitsgelegenheiten sind rechtlich begrenzt. Das heißt, die angebotenen Tätigkeiten müssen im öffentlichen Interesse liegen und zusätzlich sein. Im SGB III § 261 ist festgelegt, dass solche Beschäftigungen nicht gefördert werden, „deren Ergebnis überwiegend erwerbswirtschaftlichen Interessen..." dient. Als zusätzlich werden Arbeiten angesehen, „wenn sie ohne die Förderung nicht oder erst zu einem späteren Zeitpunkt durchgeführt werden" (ebenda). Geregelt sind demnach die wirtschaftlichen Rahmenbedingungen, welche aus volkswirtschaftlicher Perspektive Substitutions- und Mitnahmeeffekte in den Betrieben verhindern sollen. Wie diese Tätigkeiten gestaltet sein müssen, damit sie für die schwer vermittelbare Zielgruppe tatsächlich eine Verbesserung der Beschäftigungsfähigkeit unterstützen, wird nicht festgelegt.

Zunächst sollen kurz die Situation von Arbeitslosengeld-II-Empfängern und deren Chancen, den Leistungsbezug im Rahmen öffentlich geförderter Beschäftigung zu beenden, betrachtet werden. Auswertungen des Datenbestandes der Bundesagentur für Arbeit (BA) zeigen, dass Ein-Euro-Jobs für jugendliche Erwerbslose unter 25 Jahren uneffektiv sind. Im Vergleich zu Leistungsempfängern, die im selben Zeitraum keiner geförderten Beschäftigung nachgehen, zeigen sich für einige wenige Gruppen, wie z.b. langzeiterwerbslose westdeutsche Frauen im mittleren Lebensalter und westdeutsche Frauen mit Migrationshintergrund, leicht höhere Chancen auf eine ungeförderte sozialversicherungspflichtige Tätigkeit (Wolff & Hohmeyer, 2008). Zwei Jahre nach Maßnahmebeginn war jedoch der Leistungsbezug bei den Teilnehmern an Beschäftigungsmaßnahmen sogar höher als bei der Vergleichsgruppe. Das heißt, die Teilnahme am Ein-Euro-Job trug nicht zur Beendigung der Hilfebedürftigkeit bei. Kettner und Rebien (2007) empfehlen, die Arbeitsgelegenheiten mit gezielten Maßnahmen zu koppeln, welche die Vermittlungshemmnisse verringern helfen, z.B. Qualifizierungsangebote und psychosoziale Trainings. Unabdingbar ist dabei, dass Grundsicherungsträger und Beschäftigungsbetriebe effektiv und abgestimmt zusammenarbeiten und den Maßnahmeteilnehmer mit einbeziehen. Schmidt (in diesem Band) konnte Effekte eines Zusammenwirkens verschiedener Partner beispielsweise sehr gut für schwer vermittelbare Jugendliche nachweisen. Die Wirksamkeit wurde nicht zuletzt durch ein individuelles längerfristiges Coaching in Verbindung mit passgenauen Angeboten erreicht.

Das Panel „Arbeitsmarkt und soziale Sicherung" nutzt ebenfalls Daten der BA. Achatz und Trappmann (2009) konnten zeigen, dass nur 14% der ALG-II-Bezieher innerhalb eines Befragungszeitraumes von fünf bis elf Monaten ihren Leistungsbezug beendeten. Von diesen gingen 45% selbst oder ein Mitglied der Bedarfsgemeinschaft einer ungeförderten sozialversicherungspflichtigen Beschäftigung nach. Allerdings fiel der Bruttolohn mit 7,50 Euro für die Hälfte der (Wieder)Beschäftigten gering aus. Etwa ein Viertel der Beschäftigten arbeitete nach dem Leistungsbezug unter seinem formalen Qualifikationsniveau. Es kann daraus geschlussfolgert werden, dass trotz Konzessionsbereitschaft auf längere Sicht Qualifikationsverluste und Probleme, die sich aus prekären Beschäftigungsverhältnissen ergeben, drohen (Mohr, 2010). Nicht jede Vermittlung in den ersten Arbeitsmarkt ist daher als dauerhafter Erfolg und Garant für psychische Befindensverbesserung zu werten, wenn diese mit weiteren gesundheitlichen Risiken, Arbeitsplatzunsicherheit oder Qualifikationsverlusten verbunden sind (Dooley, Prause & Ham-Rowbottom, 2000; Broom, D'Souza, Strazdins, Butterworth, Parslow & Rodgers, 2006).

Die Hinwendung zu einer Arbeitsgestaltung, die Kompetenzen erhält und erweitert, Eigeninitiative und Gesundheit unterstützt, sollte als wichtiges Element zur Gesundheitsförderung Arbeitsloser bzw. Bewältigung drohender Arbeitslosigkeit betrachtet werden.

2. Was sind Kriterien humaner Arbeit?

Humane Arbeit ist durch die bewusste Gestaltung von psychosozialen Ressourcen gekennzeichnet. Unter Ressourcen werden Kompensations- und Schutzkomponenten verstanden, die es erlauben, trotz Risikofaktoren eigene Ziele zu verfolgen und die Gesundheit zu erhalten (Udris, Kraft, Muheim, Mussmann & Rimann, 1992). Die Autoren haben eine Klassifikation von gesundheitsförderlichen Faktoren unter dem Ressourcenaspekt vorgenommen, die sich in der Praxis bewährt hat. Ressourcen lassen sich danach in organisationale, soziale und personale unterscheiden. Für die betriebliche Arbeitsgestaltung sind vor allem die beiden erstgenannten Ressourcengruppen von Bedeutung.

Eine Meta-Analyse von 219 625 Daten aus 259 Publikationen der letzten 35 Jahre lässt recht überzeugend einen wesentlichen gesundheits-, motivations- und leistungsrelevanten Kern von Tätigkeitsmerkmalen für Erwerbsarbeit erkennen (Humphrey, Nahrgang & Morgeson, 2007). Organisationale Bedingungen wie Aufgabenvielfalt, Bedeutsamkeit, Rückmeldungen aus dem Arbeitsprozess heraus und Aufgabenkomplexität sowie soziale Einflüsse (Rückmeldungen durch andere Mitarbeiter, soziale Unterstützung und Kooperation) stehen dabei am stärksten mit Gesundheit und Leistung im Zusammenhang. Wie diese Metaanalyse zeigt, ist der Beitrag der Aufgabengestaltung und der sozialen Arbeitsbedingungen beträchtlich höher als die Wirkung von Ergonomie, körperlichen Anforderungen und äußeren Arbeitsbedingungen. Damit werden die vielfältigen europäischen Befunde über psychosoziale Ressourcen und deren Wirkung auf Gesundheit, Motivation und Kompetenzerwerb bestätigt, wie sie etwa bei Zapf und Semmer (2004), Hacker (2005), Ulich und Wülser (2008), Bergmann

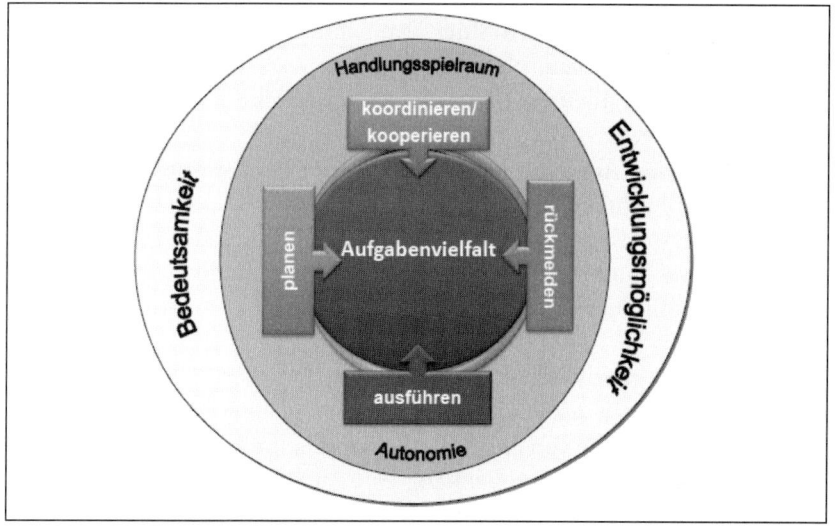

*Abb. 1: Kriterien humaner ganzheitlicher Arbeit nach DIN EN ISO 9241-2
(eigene Darstellung)*

(2010) sowie Richter und Wegge (im Druck) zusammengestellt sind. Auch in den „Anforderungen an die Arbeitsaufgabe" wurden diese Merkmale humaner Arbeit bereits 1992 in der DIN EN ISO 9241-2 zur Gestaltung von Büro- und Bildschirmtätigkeiten als arbeitswissenschaftliche Erkenntnisse verankert (Abbildung 1). Ebenso bilden diese genannten Merkmale eine wesentliche Basis des Indexes „Gute Arbeit", der vom Deutschen Gewerkschaftsbund eingesetzt wird (Fuchs, 2009).

In Bezug auf öffentlich geförderte Beschäftigung können sich Anbieter bereits bei der Auswahl der Beschäftigungsbereiche folgende Leitfragen stellen:

Ist die Aufgabe bedeutsam?

Die Gestaltung der Arbeitsaufgabe sollte sicherstellen, dass dem Ausführenden die Bedeutung der zu erledigenden Aufgaben verständlich ist, ebenso wie die Einordnung in das Gesamtsystem. Auch die Bedeutung für die persönliche Entwicklung sollte klar werden. Welches Ziel verfolgt die Maßnahme? Ist sichergestellt, dass nach der Maßnahme Perspektiven bestehen, die erworbenen neuen Kompetenzen anzuwenden, weiter auszubauen?

Wie erfolgt die Begleitung von der Maßnahme in die Zeit danach: Beratung zu Qualifizierungen, Nutzung von Beratungsdiensten, Kontakte zur Wirtschaft, Weiterarbeit im ehrenamtlichen Bereich?

Wird sich bei der Auswahl der Aufgabe an der Person orientiert?
Über- und Unterforderung sollte vermieden werden. Das setzt in Bezug auf Beschäftigungsmaßnahmen ein aussagefähiges Profiling der Teilnehmer im Vorfeld voraus. Auch in die Maßnahme integrierte Bildungsanteile sollten auf den und mit dem Teilnehmer abgestimmt sein.

Ist die Aufgabe ganzheitlich?
Die Aufgabe enthält planende, ausführende und kontrollierende Anteile, nicht nur Bruchstücke von Arbeitseinheiten. Dadurch ordnet sich die Aufgabe in einen Gesamtzusammenhang ein. Auch können die Maßnahmeteilnehmer verschiedene Fähigkeiten unter Beweis stellen oder auch neue Kompetenzen erwerben.

Sind die Anforderungen vielfältig?
Die Arbeitsaufgabe sieht vor, dass verschiedene Kenntnisse, Fertigkeiten und Fähigkeiten bei der Erledigung eingesetzt werden können. Routineaufgaben und geistig fordernde Aufgaben sollten entsprechend den Voraussetzungen des Mitarbeiters in einem ausgewogenen Verhältnis stehen. Vielfältige Aufgaben stärken verschiedene Fähigkeiten und Fertigkeiten und verhindern einseitige körperliche und geistige Belastungen.

Bestehen Handlungsspielräume und Autonomie bei der Aufgabenerfüllung?
Die Tätigkeit sollte Spielräume vorsehen, die es dem Beschäftigten erlauben, die Reihenfolge, das Arbeitstempo und die Art und Weise der Ausführung selbst mit zu beeinflussen. Spielräume bei klarer Zielstellung wirken Qualifikations- und Motivationsverlusten und „Dienst nach Vorschrift" entgegen. Die Beschäftigten erlernen im gegebenen Rahmen Entscheidungen zu treffen und sich aktiv am Arbeitsprozess zu beteiligen.

Erhalten die Beschäftigten ausreichend Rückmeldungen?
Die Arbeitsaufgabe ermöglicht ausreichende Rückmeldungen darüber, wie die Aufgaben erledigt wurden. Rückmeldungen sollten zeitnah, konstruk-

tiv und konkret gegeben werden. Kritische Rückmeldungen sollten sachlich und klar vorgetragen werden, gegebenenfalls vertraulich. Es ist wichtig, auch Anerkennung Ausdruck zu verleihen. Rückmeldungen werden ebenfalls genutzt, um Fähigkeiten und Fertigkeiten zu optimieren. Durch Einbindung in Arbeitsgruppen und Kontakte zu konkreten Ansprechpartnern können Probleme gegebenenfalls gemeinsam bewältigt werden.

Bestehen Lern- und Entwicklungsmöglichkeiten?
Im Rahmen der gestellten Arbeitsaufgabe bieten sich Gelegenheiten, bestehende Fertigkeiten weiterzuentwickeln und neue zu erlangen. Während der Beschäftigung in Arbeitsgelegenheiten können Qualifizierungsbedarfe oder auch Erfordernisse für psychosoziale Unterstützung erkannt und entsprechende Angebote vermittelt werden.

Bei Langzeitarbeitslosen, die freiwillig gemeinnützige Tätigkeiten gegen eine geringe Aufwandsentschädigung ausübten, konnten Richter und Nitsche (2002) bereits gesundheitsstabilisierende Effekte innerhalb eines Zeitraumes von vier Monaten nachweisen, je stärker die Tätigkeiten den untersuchten Humankriterien entsprachen (siehe auch Nitsche & Richter, 2003). Diese im Sinne eines geförderten Ehrenamts freiwillig ausgeführten und selbst gesuchten Tätigkeiten wiesen vergleichbare und teilweise bessere Gesundheitsförderungspotentiale auf als Erwerbstätigkeiten (Richter, 2006).
Ob auch bei Arbeitsgelegenheiten in der Mehraufwandsvariante Zusammenhänge zwischen Gesundheit und Tätigkeitsgestaltung auftreten, wie sie für Erwerbsarbeit bekannt sind, soll folgendes Untersuchungsbeispiel zeigen:

3. Untersuchungsbeispiel zu Gesundheit und Humankriterien in öffentlich geförderten Tätigkeiten – Ein-Euro-Jobs

3.1 Untersuchungsanliegen und Methodik

Bereits im Januar 2005 wurde für einen kirchlichen Träger der freien Wohlfahrtspflege in Sachsen eine Befragung zu den Arbeitsbedingungen in Arbeitsgelegenheiten in der Mehraufwandsvariante (MAE) durchgeführt (Mühlpfordt, Krause & Sende, 2006). Neben soziodemografischen Angaben, wie Alter, Geschlecht, Bildungsabschluss, wurden Merkmale der Tätigkeit erfragt, die als motivierend sowie förderlich für die Arbeitszufriedenheit gelten. Hierzu wurde das Job Diagnostic Survey (JDS: Schmidt, Kleinbeck, Ottmann & Seidel, 1985) eingesetzt. Es handelt sich dabei um einen standardisierten Fragebogen, der die Vielfalt, Ganzheitlichkeit und die Bedeutsamkeit der Arbeitsaufgabe erfasst und nach Rückmeldungen aus dem Arbeitsprozess selbst sowie durch andere Mitarbeiter fragt. Darüber hinaus misst die Skala „Autonomie", inwiefern die Aufgabe durch den Ausführenden frei gestaltet werden kann. In Anlehnung an Trube (1995) wurden Entwicklungsperspektiven durch die MAE-Teilnahme in Bezug auf Lernmöglichkeiten und Arbeitsmarkt erfragt. Hierbei interessierten die Erwartungen an die MAE und deren Erfüllung. Psychische Gesundheit und Handlungsfähigkeit wurden mithilfe folgender Skalen erfasst: Das General Health Questionnaire (GHQ: Goldberg, 1978) erfragt das psychische Befinden innerhalb der vergangenen vier Wochen. Mit der Skala „Entwicklungswünsche" des JDS wird ermittelt, inwiefern der oder die Handelnde eine herausfordernde Tätigkeit anstrebt und sich weiterentwickeln will. Und die Skala „Selbstkonzept" (Krampen, 1990) spiegelt das Vertrauen wider, schwierige Situationen konstruktiv bewältigen zu können. Weitere Angaben zu den Verfahren sind dem Anhang (Tabelle A) dieses Artikels zu entnehmen.

Unterschieden wurde zwischen den Erwerbslosen, welche sich eher freiwillig um die Mitarbeit in einer sozialen Arbeitsgelegenheit bemüht hatten und denen, welchen der zuständige Grundsicherungsträger eine MAE zum Zwecke der Arbeitserprobung zugewiesen hatte. Es wurde die Hypothese aufgestellt, dass bei Personen, die sich freiwillig um eine Stelle bewerben, die Passung zwischen der Arbeitsaufgabe und den eigenen Interessen und Kenntnissen stärker ist und somit die Arbeitstätigkeit auch positiver wahrgenommen wird. Im Gegensatz dazu sollten die unfreiwillig Zugewiesenen ihre Arbeitstätigkeit schlechter bewerten. In Bezug auf erfasste gesundheitliche Merkmale sollte gezeigt werden, dass diese umso positiver ausfallen, je stärker die Arbeit den Kriterien humaner Arbeit entspricht.

3.2 Stichprobe und Ergebnisse

An der Befragung nahmen 19 Einrichtungen der kirchlichen Trägerorganisation teil. Diese übernahmen selbst den Versand an ihre Mitarbeiter in Arbeitsgelegenheiten. Es handelte sich um psychosoziale Beratungsstellen, Altenpflegeheime, Kindergärten, Sozialkaufhäuser, Kleiderkammern sowie Einrichtungen für Behinderte und Bahnhofsmissionen. Die Bereitschaft, sich zu beteiligen, war in den einzelnen Einrichtungen unterschiedlich hoch. Die Teilnahmequote belief sich zwischen 4% und 100%. Insgesamt lag der Rücklauf mit 91 Befragungsteilnehmern bei 56%, was als befriedigend gelten kann.

Das Durchschnittsalter der Maßnahmeteilnehmer betrug zum Erhebungszeitpunkt 40.1 (± 11.5) Jahre. 77% waren Frauen, 23% Männer. Die mittlere Reife und einen Berufsabschluss besaßen 90% der Befragten, 8% hatten ein (Fach-) Hochschulstudium absolviert. Nur eine Person gab an, über keinen Schulabschluss zu verfügen (1%), und eine Person machte hierzu keine Angaben. 41 Personen waren vom Grundsicherungsträger der MAE zugewiesen worden, 46 Personen hatten sich freiwillig um die soziale Arbeitsgelegenheit bemüht. Vier Befragte gaben hierzu keine Auskunft. Die statistische Überprüfung ergab hinsichtlich der erfassten soziodemografischen Angaben und der Einsatzstellen keine bedeutsamen Unterschiede zwischen Freiwilligen und Zugewiesenen. Über die Hälfte der MAE wurde im Pflegebereich ausgeführt. Weiterhin wurden Bürotätigkeiten und hauswirtschaftliche Aufgaben verrichtet. Frauen waren eher in der Pflege beschäftigt, Männer häufiger im Büro und im handwerklich-hauswirtschaftlichen Bereich. Die Befragten waren im Schnitt bereits 5.6 (± 3.2) Monate in der MAE beschäftigt, sodass davon ausgegangen werden kann, dass die Personen bereits eingearbeitet waren, um ihre Tätigkeiten bewerten zu können.

Zunächst werden in Tabelle 1 die Erwartungen an die beruflichen Perspektiven durch die MAE und deren Erfüllungsgrad miteinander verglichen. Selbst die von vornherein nur mittelmäßig hohen Erwartungen werden nur wenig erfüllt. Freiwillige und zugewiesene Maßnahmeteilnehmer beurteilen die beruflichen Perspektiven in der Maßnahme ähnlich. In Tabelle 2 hingegen zeigen sich deutliche Unterschiede zwischen Freiwilligen und Zugewiesenen. Die Rückmeldungen durch andere Mitarbeiter sind in beiden Gruppen vergleichbar gut, während die Qualität der Aufgabe von den Frei-

Tab. 1: *Vergleich der Erwartungen an die TAURIS-Tätigkeit mit der Erfüllung dieser Erwartung, Items der Skala "Entwicklungsperspektiven" (MW= Mittelwert, SW= Standardabweichung)*

Als ich die Maßnahme begann, hatte ich die Erwartung, dass... 1 = "trifft gar nicht zu" bis 5 = trifft völlig zu"	Erwartung MW (SW)	Erfüllung der Erwartung MW (SW)	T-Wert
...diese Arbeitsgelegenheit mich beruflich weiterbildet.	3.3 (1.4)	3.1 (1.4)	1.6 n.s.
...diese Arbeitsgelegenheit nützlich für meine weitere Arbeitssuche ist.	3.6 (1.3)	3.2 (1.4)	2.8 **
...ich Kontakte knüpfe, die ich für die weitere Arbeitssuche nutzen kann.	3.3 (1.3)	2.8 (1.2)	4.3 ***
...ich wieder eine neue Erwerbstätigkeit finde.	3.4 (1.2)	1.9 (1.4)	8.2 ***
...ich eine berufliche Perspektive haben werde.	3.1 (1.4)	2.6 (1.4)	3.7 ***
...Gesamtskala Entwicklungsperspektive.	3,3 (1.0)	2.8 (1.1)	7.4 ***

willigen in allen anderen erfragten Bereichen besser bewertet wird, was für eine günstigere Passung zwischen der Tätigkeit und dem freiwilligen Maßnahmeteilnehmer spricht.

Im Vergleich zu einer Studie mit Erwerbstätigen in der Dienstleistungs- und Pflegebranche (Kil, Leffelsend & Metz-Göckel, 2000) werden die zu erledigenden Aufgaben durch die freiwillig Zugewiesenen als ähnlich bedeutsam und vielfältig bewertet. Die Qualität der Rückmeldungen erscheint bei allen hier untersuchten Maßnahmeteilnehmern sogar höher als bei Beschäftigten in dieser Branche.

Die Zusammenhänge zwischen Gesundheit und Tätigkeitsmerkmalen wurden mithilfe linearer Regressionsanalysen geprüft (Anhang Tabelle B).

Tab. 2: Unterschied freiwillig in MAE versus zugewiesen hinsichtlich erfasster Tätigkeitsmerkmale des JDS (Vergleichswerte: Kil et al., 2000)

1 = "überhaupt nicht" bis 7 = "vollkommen"	Erwerbstätigkeiten Dienstleistung, Pflege, Verwaltung (N=691)	freiwillig in MAE (F) n= 46	MAE zugewiesen (Z) n= 41	p (t-Test einseitig) F vs. Z
Vielfalt, Ganzheitlichkeit, Bedeutsamkeit	5.4 (1.2)	5.4 (0.9)	5.0 (0.8)	.015
Autonomie im Arbeitsprozess	6.1 (1.0)	5.2 (1.2)	4.6 (1.4)	.031
Rückmeldungen aus dem Arbeitsprozess	5.7 (1.0)	5.7 (1.0)	5.2 (1.1)	.026
Rückmeldungen durch Mitarbeiter	3.5 (1.6)	5.3 (1.3)	5.1 (1.3)	.169

Dabei wurde untersucht, welche potentiellen Einflussvariablen die stärksten Zusammenhänge mit seelischer Gesundheit, dem Selbstkonzept oder den Entwicklungswünschen bilden. Es wurde jeweils zuerst geprüft, ob sich Beziehungen zu den soziodemografischen Variablen Alter, Geschlecht und Freiwilligkeit in der Maßnahme zeigen. Der Bildungsgrad wurde nicht mit in die Rechnung aufgenommen, da dieser in der Untersuchungsstichprobe kaum variiert. In einem zweiten Schritt wurden alle erhobenen Tätigkeitsmerkmale (JDS) und die tatsächlichen Entwicklungsperspektiven in der Maßnahme eingegeben. Als Ergebnis werden nur die statistisch bedeutsamen Tätigkeitsmerkmale ermittelt.

Die Ergebnisse zeigen, dass die seelische Gesundheit in bedeutsamem Maße mit den wahrgenommenen Perspektiven auf dem Arbeitsmarkt und der Qualität sozialer Kommunikation in der Maßnahme zusammenhängt. Dagegen ist das Selbstkonzept, das heißt das Vertrauen in eigene Fähigkeiten umso positiver ausgeprägt, je selbstständiger die Aufgaben geplant und ausgeführt werden können. Klare Rückmeldungen aus der Arbeit heraus und ein größerer Grad an Autonomie stehen mit einem stärkeren Wunsch nach persönlicher Weiterentwicklung in Beziehung. Alter, Geschlecht und Freiwilligkeit in der Maßnahme stehen bei den hier untersuchten Maßnahmeteilnehmern nicht im Zusammenhang zu Gesundheit oder Handlungsfähigkeit. Hingegen erweist es sich als wichtig für das gesundheitliche Befinden, dass die Tätigkeiten den genannten Merkmalen humaner Arbeitsgestaltung entsprechen und berufliche Perspektiven bieten.

4. Diskussion

Auch wenn aufgrund der Querschnittsdaten in der beschriebenen Untersuchung keine Ursache-Wirkungsbeziehungen abgeleitet werden können, sind folgende Aussagen möglich: 1) Es zeigen sich auch für Beschäftigungsmaßnahmen Beziehungen zwischen Tätigkeitsmerkmalen und gesundheitlichem Befinden, wie sie aus der Erwerbsarbeit bekannt sind. 2) Auch wenn Selektionseffekte in dem Sinne wirken, dass gesunde und motivierte Personen anspruchsvollere Tätigkeiten ausüben, ist aus Erwerbsarbeitsstudien bekannt, dass zusätzlich Sozialisationseffekte durch die Arbeit wirken (Schallberger, Häfli & Kraft, 1984; Zapf, Dormann & Frese, 1996). Das heißt vereinfacht, gute Beschäftigungsbedingungen fördern Gesundheit und Kompetenzen zusätzlich, während bei Personen in stark über- oder unterfordernden Tätigkeiten noch weitere Befindensbeeinträchtigungen bzw. Dequalifizierung zu beobachten sind. 3) Freiwilligkeit zeigt sich in der hier beispielhaft angeführten Studie als relevant für die Qualitätsbewertung der ausgeführten Tätigkeit. In die Maßnahme Zugewiesene beurteilten diese kritischer. Ob die Passung zwischen Beschäftigtem und der Tätigkeit objektiv schlechter übereinstimmt als bei Freiwilligen oder ob die Diskrepanz subjektiv besonders stark erlebt wird, kann mit vorliegenden Daten nicht beantwortet werden. In beiden Fällen kann länger andauerndes Über- oder Unterforderungserleben zu Motivations- und Befindensbeeinträchtigungen führen (Richter & Hacker, 2008; Edwards, Caplan & van Harrison, 1998). Es ist daher eine partnerschaftliche Ziele- und Maßnahmeplanung nahezulegen. Zur Unterstützung der Beschäftigungsfähigkeit sollte das Potential von Aufgaben genutzt werden, die auf den und mit dem

Maßnahmeteilnehmer abgestimmt sind. Zur Umsetzung humaner Aufgabengestaltung sind politische bzw. administrative Entscheidungen gefragt. So hat beispielsweise eine ARGE in Sachsen die Anforderungen an die Gestaltung der Aufgabe in Anlehnung an die DIN EN ISO 9241-2 in ihre Ausschreibungskriterien für Beschäftigungsmaßnahmen aufgenommen. 4) Entsprechend den objektiven Befunden der BA zeigen auch die subjektiven Einschätzungen der Maßnahmeteilnehmer in vorliegender Studie, dass die beruflichen Perspektiven durch die MAE eher gering sind. Eine Methode, die Schnittstelle zwischen Beschäftigungs-, Qualifizierungsträger, Erwerbsarbeit Suchenden und Arbeitgebern erfolgreich zu bedienen, stellt das Vorgehen bei „Bridges" dar (Schmidt, in diesem Band). Der Einsatz psychologisch geschulter Coaches konnte, wie bereits erwähnt, bei jugendlichen Arbeitslosen die Vermittlungsquote auf den 1. Arbeitsmarkt erhöhen und eine nachhaltige Verbesserung der seelischen Gesundheit erreichen.

Auch öffentlich geförderte gemeinnützige Tätigkeiten könnten das Potential besitzen Selbstwert zu stärken, Vertrauen in die eigenen Fähigkeiten herzustellen und damit positiv auf die psychische Gesundheit zu wirken. Nachhaltigkeit kann jedoch nur gewährleistet werden, wenn die Maßnahmen es erlauben Perspektiven zu entwickeln.

Literatur

Achatz, J. & Trappmann, M. (2009). Wege aus der Grundsicherung. Befragung von Arbeitslosengeld-II-Beziehern. IAB-Kurzbericht. 28/2009.

Bergmann, B. (2010). Sozialisationsprozesse bei der Arbeit. In U. Kleinbeck & K.-H. Schmidt (Hrsg.), Enzyklopädie der Psychologie. Themenbereich D. Serie III Wirtschafts-, Organisations- und Arbeitspsychologie (S. 287-323). Göttingen: Hogrefe.

Blancke, S, Roth, C. & Schmid, J. (2000). Employability (Beschäftigungsfähigkeit) als Herausforderung für den Arbeitsmarkt – Auf dem Weg zur flexiblen Erwerbsgesellschaft – Eine Konzept- und Literaturstudie. Arbeitsbericht 157. Stuttgart: Akademie für Technikfolgeabschätzung in Baden-Würtemberg.

Broom, D.H., D'Souza, R.M., Strazdins, L., Butterworth, P., Parslow, R. & Rodgers, B. (2006). The lesser evil: Bad jobs or unemployment? A survey of mid-aged Australiens. Social Science & Medicine, 63, 575-586.

Bundesagentur für Arbeit (2009). Arbeitshilfe Arbeitsgelegenheiten zur Umsetzung des §16 Abs. 3 SGB II. [http://www.arbeitsagentur.de/zentraler-Content/HEGA-Internet/A06-Schaffung/Publikation/GA-SGB-2-NR-21-2009-07-14-Anlage.pdf].

DIN EN ISO 9241 (1992). Ergonomische Anforderungen für Bürotätigkeiten mit Bildschirmgeräten (neu: Ergonomie der Mensch-System-Interaktion), Teil 2. Anforderungen an die Arbeitsaufgabe – Leitsätze.

Dooley, D., Prause, J.A. & Ham-Rowbottom, K.A. (2000). Underemployment and depression: Longitudinal relationships. Journal of Health & Social Behavior, 41, 421-436.

Edwards, J.R., Caplan, R.D. & van Harrison, R. (1998). Person-environment fit theory: Conceptual foundations, empirical evidence, and directions for future research. In C. L. Cooper (Ed.), theories of organizational stress (pp. 28-67). Oxford: Oxford University Press.

Fuchs, T. (2009). Der DGB-Index Gute Arbeit. In B. Badura, H. Schröder, J. Klose & K. Macco (Hrsg.), Fehlzeitenreport 2009 (S. 175-196). Berlin: Springer.

Gazier, B. (1999). Employability. Concept and Policies. Report 1998. Berlin: Employment Observatory Research Network.

Goldberg, D.P. (1978). Manual of the General Health Questionnaire. Windsor, England: NFER Publishing.

Hacker, W. (2005). Allgemeine Arbeitspsychologie. Psychologische Regulation von Wissens-, Denk- und körperlicher Arbeit. Bern: Hans Huber.

Hohmeyer, K. & Wolff, J. (2010). Macht die Dosis einen Unterschied? Wirkung von Ein-Euro-Jobs für ALG-II-Bezieher. IAB-Kurzbericht 4/2010.

Humphrey, S. E., Nahrgang, J.D. & Morgeson, F. P. (2007). Integrating Motivational, Social, and Contextual Work Design Features: A Meta-Analytic Summary and Theoretical Extension of the Work Design Literature. Journal of Applied Psychology, 92 (5), 1332-1356.

Kettner, A. & Rebien, M. (2007). Soziale Arbeitsgelegenheiten. Einsatz und Wirkungsweise aus betrieblicher und arbeitsmarktpolitischer Perspektive. IAB-Forschungsbericht 2/2007.

Krampen, G. (1990). Fragebogen zu Kompetenz- und Kontrollüberzeugungen (FKK). Hogrefe.

Kil, M., Leffelsend, S. & Metz-Göckel, H. (2000). Zum Einsatz einer revidierten und erweiterten Fassung des Job Diagnostic Survey im Dienstleistungs- und Verwaltungssektor. Zeitschrift für Arbeits- und Organisationspsychologie, 44 (3), 115-128.

Mohr, G. (2010). Erwerbslosigkeit. In U. Kleinbeck & K.-H. Schmidt (Hrsg.), Enzyklopädie der Psychologie, Band Arbeitspsychologie (S. 471-529). Göttingen: Hogrefe.

Mühlpfordt, S., Krause, S. & Sende, K. (2006). Arbeitsgelegenheiten aus Sicht der Betroffenen. Tagung der Diakonie Sachsen. Hartz IV – Ein Jahr danach. Evangelische Akademie Meißen, 1.-3. März 2006. Poster: TU Dresden.

Nitsche, I. & Richter, P. (2003). Tätigkeiten außerhalb der Erwerbsarbeit. Evaluation des TAURIS-Projektes. Münster: LIT.

Richter, P. (2006). Arbeitslose zwischen Gemeinnutz und Ehrenamt – Psychologische Erfahrungen mit TAURIS und Aktion 55 für die Gestaltung produktiver Tätigkeiten außerhalb der Erwerbsarbeit In S. Mühlpfordt & P. Richter (Hrsg.), Ehrenamt und Erwerbsarbeit (S. 94-108). München: Hampp.

Richter, P. & Hacker, W. (2008). Belastung und Beanspruchung. Streß, Ermüdung und Burnout im Arbeitsleben. Heidelberg: Asanger.

Richter, P. & Nitsche, I. (2002). Langzeiterwerbslosigkeit und Gesundheit – Stabilisierende Effekte durch die Tätigkeit außerhalb der Erwerbsarbeit. Zentralblatt Arbeitsmedizin, 52, 194-199.

Richter, P. & Wegge, J. (im Druck). Occupational Health Psychology – Gegenstand, Modelle, Aufgaben. In H.-U. Wittchen & J. Hoyer (Hrsg.), Klinische Psychologie & Psychotherapie, 2. Auflage. Berlin/Heidelberg: Springer.

Schallberger, U., Häfli, K. & Kraft, U. (1984). Zur reziproken Beziehung von Berufsausbildung und Persönlichkeitsentwicklung. Zeitschrift für Sozialisationsforschung und Erziehungssoziologie, 4, 197-219.

Schmidt, K.-H., Kleinbeck, U., Ottmann, W. & Seidel, B. (1985). Ein Verfahren zur Diagnose von Arbeitsinhalten: Der Job Diagnostic Survey (JDS). Psychologie und Praxis, Zeitschrift für Arbeits- und Organisationspsychologie, 29, 162-172.

Trube, A. (1995). Fiskalische und soziale Kosten-Nutzen-Analyse örtlicher Beschäftigungsförderung. Eine exemplarische Untersuchung. Nürnberg: Institut für Arbeitsmarkt- und Berufsforschung der Bundesanstalt für Arbeit.

Udris, I., Kraft, U., Muheim, M., Mussmann, C. & Rimann, M. (1992). Ressourcen der Salutogenese. In H. Schröder & K. Reschke (Hrsg.), Psychosoziale Prävention und Gesundheitsförderung (S. 85-104). Regensburg: Roderer.

Ulich, E. & Wülser, M. (2008). Gesundheitsmanagement in Unternehmen. Wiesbaden: Gabler.

Wolff, J. & Hohmeyer, K. (2008). Für ein paar Euro mehr. Wirkung von Ein-Euro-Jobs. IAB-Kurzbericht 2/2008.

Zapf, D., Dormann, C. & Frese, M. (1996). Longitudinal Studies in Organizational Stress Research: A Review of the Literature With Reference to Methodological Issues. Journal of Occupational Health Psychology, 1 (2), 145-169.

Zapf, D. & Semmer, N. K. (2004). Stress und Gesundheit in Organisationen. In H. Schuler (Hrsg.), Enzyklopädie der Psychologie, Themenbereich D, Serie III, Band 3 Organisationspsychologie (S. 1007-1112). Göttingen: Hogrefe.

Anhang

Tab. A Anhang: Skalenbeschreibung der eingesetzten Verfahren Gesamtstichprobe

Verfahren	Interne Konsistenz Cronbach's α	Skalenstufen	Itemanzahl	Mittelwert (Standardabweichung)
Entwicklungsperspektive Erwartungen	.86	5	5	3.3 (1.0)
Entwicklungsperspektive Erfüllung	.84	5	5	2.8 (1.1)
JDS Vielfalt, Ganzheitlichkeit, Bedeutsamkeit	.73	7	9	5.2 (0.9)
JDS Autonomie	.68	7	2 (3)	5.0 (1.4)
JDS Rückmeldung aus Arbeitsprozess	.60	7	3	5.2 (1.3)
JDS Rückmeldung durch Mitarbeiter	.69	7	3	5.2 (0.9)
JDS Entwicklungswünsche	.87	7	6	5.8 (0.9)
GHQ Seelische Gesundheit	.82	4	12	3.4 (0.4)
Selbstkonzept	.77	5	8	34.2 (5.4)

Anmerkung: hohe Werte in allen Skalen positive Ausprägung

Tab. B Anhang: Zusammenhänge zwischen Tätigkeitsmerkmalen und Gesundheitsvariablen (hierarchische lineare Regression: Step 1 soziodemographische Variablen (Einschluss), Step 2 Tätigkeitsmerkmale (schrittweise Aufnahme bedeutsamer Variablen))

	1) Seelische Gesundheit (GHQ)		2) Selbstkonzept		3) Entwicklungswünsche	
	β	adj.R²	β	adj.R²	β	adj.R²
Step 1 Soziodemographie (Alter, Geschlecht, Freiwilligkeit der Maßnahme)		-.02 n.s.		.04 n.s.		.03 n.s.
endgültiges Modell		.23***		.13*		.20***
Autonomie	.22 (*)		.33**		.24*	
Rückmeldung aus Arbeit					.33**	
Rückmeldung durch Personen	.26*					
Entwicklungsperspektiven	.26**					

Aus allen 3 Modellen, 1) bis 3), statistisch ausgeschlossene Variablen: Vielfalt, Ganzheitlichkeit, Bedeutsamkeit (n.s.= nicht signifikant, $p < .10$ (*), $p < .05$ *, $p < .01$ **, $p < .001$ ***)

Die Arbeit der Erwerbslosen: Eine arbeitspsychologische Analyse

Sascha Göttling, Doreen Merkel, Gisela Mohr

Zusammenfassung

In diesem Beitrag werden Ergebnisse einer Studie mit 166 Erwerbslosen berichtet. Fünf Formen von unbezahlter Arbeit stehen dabei im Mittelpunkt: Arbeit im Rahmen einer öffentlich geförderten Beschäftigung, Tauscharbeit, Hausarbeit, Gemeinsinnarbeit und Bildungsarbeit. Es sollte überprüft werden, ob die Anzahl sowie die Mischung dieser fünf Formen bedeutsam für das psychische Befinden von Erwerbslosen sind. Bewertet wurden diese fünf Formen durch standardisierte Interviews nach den Kriterien Handlungsspielraum, Kommunikationsmöglichkeiten, Komplexität und Kooperationsmöglichkeiten. Der gesundheitliche Status wurde mittels einer Selbsteinschätzung der Depressivität, des Selbstwerts, der erlebten Wertschätzung und des Sinnerlebens erfasst. Nur für das Sinnerleben konnte ein Zusammenhang ermittelt werden: Es ist höher, wenn neben der Hausarbeit noch mindestens eine andere Form der Arbeit durchgeführt wird – gleich welche und wie viele der fünf Formen. Eine besonders hohe Ausprägung im Sinnerleben lag bei den Erwerbslosen vor, die neben der Hausarbeit noch Gemeinsinnarbeit verrichteten, oder bei der Kombination von Hausarbeit, Gemeinsinnarbeit und Bildungsarbeit. Die Ergänzung um öffentlich geförderte Beschäftigung erwies sich nicht als bedeutsam.
Erwerbsarbeit wird eine aktivierende und stimmungsförderliche Funktion zugeschrieben, sofern bestimmte Gestaltungsmerkmale gegeben sind. In diesem Sinne kann sie geradezu als Mittel gegen Depressivität betrachtet werden. Arbeit bietet die Möglichkeit, Aufgaben erfolgreich zu bewältigen, und kann damit zur Grundlage für Selbstwertgefühl, Sinnerleben und das Gefühl der Wertschätzung werden. Sie kann sich jedoch auch negativ auf die Gesundheit auswirken durch Konflikte, Zeitdruck, Unterforderung und andere vielfältige Stressoren (Semmer & Mohr, 2001). Diese Aussagen werden gemeinhin für die Erwerbsarbeit gemacht. Arbeitslose sind ohne Erwerb, aber nicht zwingend ar-

beitslos. In diesem Beitrag wird der Frage nachgegangen, ob nicht-bezahlte Arbeit ebenso positive Wirkungen für die Gesundheit haben kann – oder ob der Wegfall der Existenzsicherung von so fundamentaler Bedeutung ist, dass alle anderen potentiell positiven Effekte nicht mehr bedeutsam sind.

Will man unterschiedliche Arten nicht-bezahlter Arbeit untersuchen, an denen Erwerbslose beteiligt sind, muss man zunächst einmal diese unterschiedlichen Arten der Arbeit beschreiben können.

1. Arbeit jenseits traditioneller Erwerbsarbeit: fünf Formen

Göttling (2006) unterscheidet in Anlehnung an Saiger (1998) grundsätzlich sechs Formen der Arbeit: Erwerbsarbeit, Arbeit in einer öffentlich geförderten Maßnahme, Tauscharbeit, Haus-, Familien- bzw. Eigenarbeit, Gemeinsinnarbeit und Bildungsarbeit. Die Abgrenzung der verschiedenen Formen der Arbeit voneinander erfolgt anhand dreier Entscheidungsfragen: 1) Besteht das Hauptmotiv der Tätigkeit darin, sich vorausschauend Kenntnisse, Fähigkeiten und Fertigkeiten für spätere Arbeitätigkeit in- und außerhalb der Erwerbsarbeit anzueignen? 2) Besteht eine explizite Vereinbarung oder implizite Erwartung einer Gegenleistung? Wenn ja, handelt es sich bei der Gegenleistung um eine Vergütung, die offiziell als Einkommen deklariert und von den staatlichen Behörden als solches behandelt wird? Wird die Vergütung im Rahmen einer staatlichen Beschäftigungsmaßnahme – etwa Arbeitsbeschaffungsmaßnahme (ABM) oder Arbeitsgelegenheit (AGH) mit Mehraufwandsentschädigung (MAE) – erzielt? 3) Bezieht sich die Arbeit auf Personen, zu denen eine dauerhafte persönliche Bindung besteht und die unter Umständen dem eigenen privaten Haushalt angehören?

Erwerbsarbeit und *Arbeit in öffentlich geförderten Maßnahmen* (Arbeitsgelegenheiten mit Mehraufwandsentschädigung, AGH mit MAE) sind formalrechtlich geregelt.

Tauscharbeit wird als Arbeit betrachtet, für die eine Gegenleistung erbracht wird, die nicht einkommenssteuerpflichtig ist oder nicht als solche gemeldet wird, schließt also legale und illegale Formen ein. Eine besondere und legale Art der Tauscharbeit ist die Organisation von Arbeit in Form von Tauschringen. Hier handelt es sich um Zusammenschlüsse, die untereinander Güter, Dienstleistungen oder auch Informationen austauschen. Hilpert (2001) geht davon aus, dass die Übergänge von der legalen zur illegalen Tauscharbeit als fließend betrachtet werden müssen. Aus einer qualitativen Studie, im Rahmen derer langzeiterwerbslose Männer bereit waren, über ihre Schwarzarbeit zu sprechen (Sixsmith, 1999), ist zu entnehmen, dass diese Arbeit Freude macht, es ermöglicht, zum Haushaltseinkommen beizutragen, hilft, die Ernährerrolle beizubehalten und berufliche Fähigkeiten zu trainieren. Jedoch werden auch Ängste geschildert, dass die illegale Tätigkeit entdeckt wird. Dies verhindert, dass diese Erwerbslosen über ihre Tätigkeit sprechen und damit u.a. auch der Stigmatisierung als „Faulenzer" entgegentreten können.

Haus-, Familien- und Eigenarbeit meint jene Arbeiten, die innerhalb des Haushaltes unvergütet verrichtet werden. Dabei kann der Begriff Haushalt mehr umfassen als nur eine Wirtschaftsgemeinschaft. Auch innerhalb informeller Gruppen oder für Familienmitglieder, mit denen nicht gemeinschaftlich ein Haushalt geführt wird, kann solche Art von Arbeit erbracht werden, ohne dass ein Tausch stattfindet. Ein Hauptunterschied zu anderen Formen der Arbeit ist, dass diese Arbeit nicht der Öffentlichkeit zugänglich gemacht wird. Gemeinhin wird vermutet, dass sich Hausarbeit bei Erwerbslosen positiv für die psychische Stabilität auswirkt. Die wenigen Forschungsergebnisse sind allerdings widersprüchlich. Feather (1990) stellte fest, dass von 44 älteren erwerbslosen Männern diejenigen, die sich vermehrt der Haus- oder Gartenarbeit zuwandten, weniger psychische Befindensbeeinträchtigungen aufwiesen. Eine qualitative Studie von Ball und Orford (2002) erbrachte, dass junge Erwerbslose, die bedeutsame Aufgaben in der Hausarbeit übernommen hatten, sich als Erwerbslose stigmatisiert erleben im Vergleich zu solchen, die andere Arbeiten (wie z. B. Tauscharbeit oder Weiterqualifizierung) leisten. Es handelte sich vorwiegend um Frauen.

Unter *Gemeinsinnarbeit* fallen Aktivitäten, die ohne Vergütung oder Tausch für Personen außerhalb des Haushaltes verrichtet werden. Dabei kann es sich um bürgerschaftliches (auf das Gemeinwohl gerichtetes) Engagement oder um ein Ehrenamt handeln. Die inhaltliche Ausrichtung ist jedoch nicht das zwingende Kriterium, sondern dass sie nicht bezahlt wird, kein Tausch stattfindet und den Kreis des Privaten (s. o.) verlässt. Neueste Studien zeigen, dass freiwillige Gemeinsinnarbeit selbst bei Erwerbstätigen positive Effekte auf die emotionale Befindlichkeit hat (Mojza

& Sonnentag, 2010). Sie sind zufriedener mit verschiedenen Aspekten des Lebens und zeigen mehr Eigeninitiative und berichten über mehr Mitsprachemöglichkeiten an ihrem Erwerbsarbeitsplatz (Krause & Resch, 2002). Auch für Langzeiterwerbslose konnten positive Effekte freiwillig gemeinnütziger Arbeit festgestellt werden, sofern diese Merkmale einer positiv gestalteten Arbeit aufweist (Mühlpfordt, Rothländer & Richter, 2010). Die Studien geben allerdings keinen Aufschluss darüber, ob Erwerbstätige freiwillige Gemeinsinnarbeit machen, weil sie z. B. mehr Eigeninitiative zeigen, oder ob es umgekehrt ist.

Bildungsarbeit bezeichnet Tätigkeiten, die darauf abzielen, sich neue Fähigkeiten, Fertigkeiten und Kenntnisse anzueignen. In der hier vorgestellten Studie wurde der Begriff der Bildungsarbeit weit gefasst, d.h. es wurden auch solche Bildungsaktivitäten einbezogen, für die ein persönliches Interesse vorlag, wie z.b. das Lesen von Fachbüchern über Gartenarbeit.

2. Die Teilnehmer der Studie: Langzeiterwerbslose

Als Grundlage der Analyse dient eine Befragung von 166 Personen, die seit mindestens einem Jahr Transferleistungen nach SGB II oder SGB III erhalten hatten (Göttling, 2006; Merkel, 2009) und keine Erwerbstätigkeit im oben genannten Sinne ausführten.

Die Befragung wurde in Kooperation mit verschiedenen Einrichtungen in den Bundesländern Berlin, Brandenburg und Sachsen durchgeführt. Es wurden Personen ausgewählt, die älter als 40 Jahre waren. Dabei wurde darauf Wert gelegt, dass auch die verschiedenen Formen der Arbeit repräsentiert sein werden, also z.b. Kontakt aufgenommen zu Tauschringen.

Etwas über die Hälfte von ihnen (89) waren Frauen. Diese 166 Personen waren zum Zeitpunkt der Befragung durchschnittlich schon 5 Jahre und 5 Monate erwerbslos. Allerdings ist die Streuung sehr groß (d.h. es gab Personen, die nur etwas über ein Jahr und andere, die schon sehr viele Jahre erwerbslos waren). Das durchschnittliche Alter betrug 52 Jahre. Nur 35% dieser Gruppe waren verheiratet oder lebten mit einem Partner ständig zusammen, nahezu ein Drittel war ledig. Jedoch gaben 64% an, Kinder zu haben. 10% haben keine Berufsausbildung abgeschlossen. Die meisten verfügten über einen mittleren Schulabschluss (43%). Ein beträchtlicher Teil (30%) hatte Abitur und 16% eine akademische Berufsausbildung. Die

Teilnehmer sind demzufolge im Vergleich zur Mehrheit der Langzeitarbeitslosen, aber auch im Vergleich zum Bundesdurchschnitt (dort: 29% ohne Berufsausbildung, 21% mit mittlerem Schulabschluss, 24% mit Abitur und 12% mit akademischer Ausbildung, vgl. Autorengruppe Bildungsberichterstattung, 2010; BPB, 2010) gut ausgebildet. Nahezu die Hälfte der Befragten (48%) gab an, über ein monatliches Haushaltseinkommen von bis zu 600 € zu verfügen. Ein Drittel gab ein Einkommen zwischen 600 und 800 €, 25% lagen zwischen 1000 und 1500 €.

3. Die Arbeit der Erwerbslosen

Die Abbildung 1 zeigt, wie viele der Befragten in welcher der Formen aktiv waren.

Es ist außerdem zu erkennen, dass die Befragten nicht nur in einer Form der Arbeit tätig waren. Wie zu erwarten leisteten fast alle (165 von 166 Personen) Haus-, Familien und Eigenarbeit und viele noch Arbeit in einer oder mehreren anderen Formen. Nur zwei Personen gaben an, in keiner der Formen aktiv zu sein. 40 Personen arbeiteten in mindestens einer Ar-

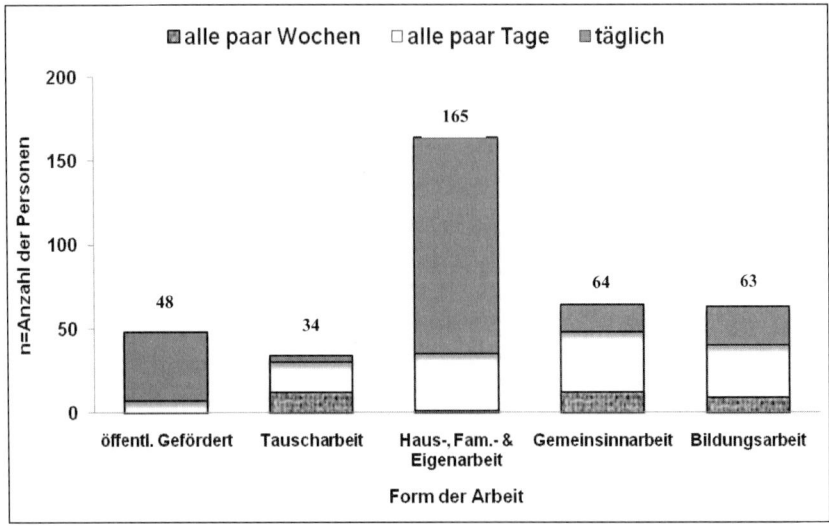

Abb. 1: Formen der Arbeit der Erwerbslosen

beitsform, 55 waren in zweien tätig. 55 berichteten, in drei Formen der Arbeit aktiv zu sein, 12 waren in vier Formen der Arbeit engagiert und eine Person in allen fünf Formen. Der Anteil derjenigen, die einer Erwerbstätigkeit nachgehen, gleicht dem aus einer repräsentativen Analyse, die von Beste, Bethmann und Trappmann (2010) für den SGB-II-Bereich durchgeführt wurde. Der Anteil derjenigen, die Bildungsarbeit angeben, ist jedoch hier deutlich höher (28% gegenüber 14%) als bei Beste et al., was dadurch zu erklären ist, dass von den Autoren nur offizielle schulische oder berufliche Bildungsmaßnahmen erfragt werden, wohingegen in der vorliegenden Studie Bildung umfassender verstanden wurde. Übereinstimmend mit Beste et al. ist festzuhalten, dass Arbeitslose zu einem erheblichen Teil in einer oder mehreren Formen der Arbeit aktiv sind.

4. Die psychologische Qualität von Arbeit ohne Erwerb

Um der Frage nachgehen zu können, welche psychologische Qualität diese fünf unterschiedlichen Formen der Arbeit haben, wurde eine Methode genutzt, die ursprünglich in wesentlich umfangreicher Form für Industriearbeiter entwickelt wurde (Semmer, Zapf & Dunckel, 1998) und sich als nicht vollständig übertragbar auf alle Formen der Arbeit erwiesen hat. Es wurden vier Beschreibungsdimensionen ausgewählt, welche die positiven Merkmale einer Tätigkeit beschreiben. Nachfolgend wird jede der vier Dimensionen durch eine typische Frage (sinngemäß) verdeutlicht. Die Formulierungen wurden jeweils an die entsprechende Form der Arbeit angepasst. Im standardisierten Interview wurden jeweils fünf entsprechende Antwortabstufungen vorgegeben.
1. Komplexität: „Können Sie bei Ihrer (....-) Arbeit Neues dazulernen?"
2. Handlungsspielraum: „Können Sie selbst bestimmen, auf welche Art und Weise Sie Ihre Arbeit erledigen?"
3. Kooperationsspielraum: „Ich kann in der Regel selbst entscheiden, mit wem ich zusammenarbeiten möchte."
4. Kommunikationsmöglichkeiten: „Mit wie vielen verschiedenen Kollegen/Kolleginnen können Sie während der Arbeitszeit Kontakt aufnehmen (zum Beispiel um sich mit ihnen über private oder berufliche Dinge zu unterhalten?)."

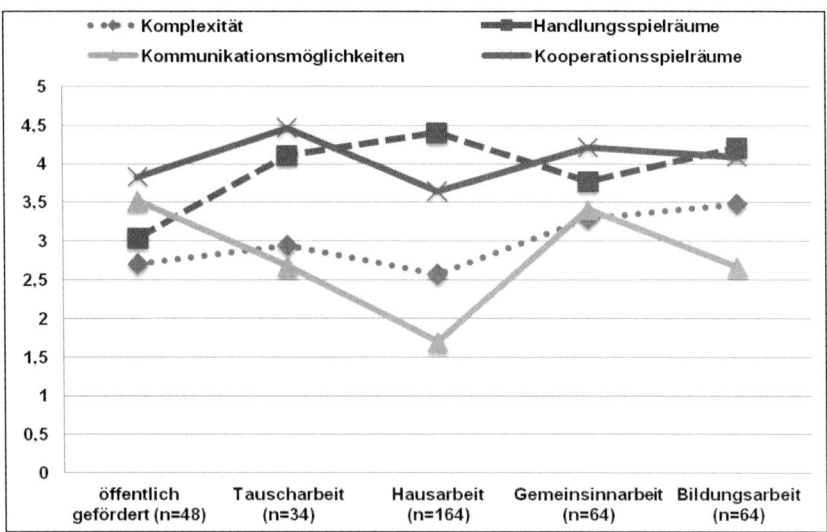

Abb. 2: Ausprägung von vier Merkmalen der Arbeitsqualität für die fünf Formen der Arbeit

Betrachtet man Handlungsspielraum, Komplexität, Kooperationsspielraum und die Kommunikationsmöglichkeiten der verschiedenen Formen der Tätigkeit, so ergibt sich folgendes Bild (Abbildung 2).

Die untersuchten Formen der Arbeit unterscheiden sich hinsichtlich ihrer Komplexität, ihren Handlungsspielräumen sowie ihren Kommunikationsmöglichkeiten statistisch bedeutsam. Lediglich in Bezug auf die Kooperationsspielräume, das heißt, inwiefern man selbst entscheiden kann, mit wem man zusammenarbeiten möchte, sind die verschiedenen Formen der Nichterwerbsarbeit in dieser Stichprobe vergleichbar. Erwartungsgemäß ist die Komplexität der Bildungsarbeit am höchsten – schließlich geht es darum, neue Dinge zu lernen. Ebenso erwartungsgemäß ist der Handlungsspielraum in der Haus- und Familienarbeit am höchsten. Die besten Kommunikationsmöglichkeiten enthalten die öffentlich geförderte Arbeit und die Gemeinsinnarbeit.

Nachfolgend soll die Frage beantwortet werden, ob es besser für die psychische Gesundheit ist, in mehr als einer Tätigkeitsform aktiv zu sein nach dem Motto „viel hilft viel". Diese Frage ist naheliegend, wenn man sich die obige Grafik betrachtet: Keine der fünf Formen der Arbeit weist eine maximale Ausprägung in den vier betrachteten Tätigkeitsmerkmalen auf.

5. Alles eine Frage der Dosis?

Zur Beantwortung dieser Frage werden die Personen, die in keiner der fünf Formen aktiv sind und jene eine Person, die in allen fünf Formen aktiv ist, aus den weiteren Analysen ausgeschlossen, da dies für einen statistischen Vergleich zu wenige sind. Es werden also nur vier Gruppen verglichen: Jene mit einer Tätigkeit (n=40), mit zwei (n=55), mit drei (n=55) und jene, die in vier Formen der Arbeit aktiv sind (n=12). Die Gruppen sind klein, erlauben jedoch noch statistische Vergleiche, d.h. es kann geprüft werden, ob es sich um zufällige Ergebnisse handelt oder ob ein systematischer Unterschied vorliegt.

Als Indikatoren für psychische Gesundheit wurden für diese (und die Fragestellung im nächsten Abschnitt) vier Indikatoren gewählt: das Selbstwertgefühl, das Erleben der Sinnhaftigkeit des eigenen Handelns (Sinnerleben), das Gefühl der Wertschätzung durch andere und das Ausmaß der Depressivität. Depressivität ist eine der am häufigsten und am besten belegten Auswirkungen andauernder Erwerbslosigkeit. Eine typische Frage zur Erfassung depressiver Symptomatik ist z.B.: „Ich muss mich sehr dazu antreiben, etwas zu tun" (vgl. Mohr & Müller, 2004). Erwartungsgemäß war die damit gemessene Depressivität mit einem Mittelwert von 3.2 bei den 166 Erwerbslosen höher als bei anderen Gruppen, bei denen ebenfalls mit genau diesem Instrument gemessen wurde (z.B. 2.6 für Erwerbstätige aus verschiedenen Branchen und Berufen bei Dormann und Zapf, 1999). Allerdings gibt es keinen statistisch bedeutsamen Unterschied (2.9 vs. 3.2) zu einer Gruppe von 78 Stahl- bzw. Automobilarbeitern (Frese, 1999). Dies deutet darauf hin, dass das Ausmaß an Depressivität bei den hier befragten Erwerbslosen zwar geringer ist als bei Erwerbstätigen, nicht jedoch, wenn es sich um solche handelt, die an belastungsreichen Arbeitsplätzen tätig sind. Typisch für die Erfassung des Selbstwertgefühls ist eine Frage wie: „Ich kann Dinge genauso gut wie die meisten anderen Menschen machen". Der Mittelwert der 166 Studienteilnehmer liegt mit 3.04 signifikant höher als der einer gemischten Stichprobe mit 2.28 (vgl. Ferring & Filip, 1996). Sinnerleben zeigt sich z.B. in der Zustimmung zur Aussage: „Ich erledige

Aufgaben, die für die Gesellschaft wichtig sind". Wertschätzung enthält die Zustimmung zu Aussagen wie: „Die Leute meiner Umgebung zeigen mir, dass sie viel von mir halten" (vgl. Göttling, 2006; Merkel, 2009).

40 Personen geben an, nur eine Arbeitsform auszuführen. Das ist in 39 Fällen Hausarbeit. Im Vergleich zu diesen Personen erleben diejenigen, die darüber hinaus noch mindestens einer weiteren Tätigkeit nachgehen, ein höheres Sinnerleben. Dieser Befund besteht in dieser Stichprobe für Frauen und Männer gleichermaßen. Frauen zeigen jedoch neben einem stärkeren Sinnerleben auch ein deutlich höheres Selbstwertgefühl, wenn sie noch weitere Arbeitsformen als Hausarbeit ausüben. Hinsichtlich der Depressivitätssymptome sowie dem Gefühl, wertgeschätzt zu werden, hat die Anzahl der Arbeitsformen jedoch keine Bedeutung.

6. Alles eine Frage der Mischung?

Als nächstes soll der Frage nachgegangen werden, ob die Art der Kombination der fünf Formen der Arbeit relevant ist, also ob z.B. die geringe Komplexität, wie sie aus der Abbildung 2 für die Hausarbeit erkennbar wird, durch die Kombination mit Bildungsarbeit mit weitaus größerer Komplexität ausgeglichen werden kann.

Vergleiche zwischen den verschiedenen Kombinationen verlangen, dass eine ausreichende Zahl von Personen in jeder möglichen Kombination aktiv ist. Sind Erwerbslose in zwei Formen der Arbeit engagiert, dann können sich dahinter theoretisch 10 verschiedene Kombinationen aus den fünf Formen der Arbeit verbergen. Da auch Gruppen mit drei oder vier Tätigkeiten unterschiedlichster Kombinationen denkbar sind, ergeben sich eine Vielzahl von Untergruppen. Um jedoch eine ausreichende Gruppengröße zu haben, die noch einen statistischen Vergleich zulässt, konnten nur fünf Gruppen gebildet werden:

1. Erwerbslose, die nur Hausarbeit verrichten: 39 Personen
2. Erwerbslose, die in der Hausarbeit und Gemeinsinnarbeit aktiv sind: 21 Personen
3. Erwerbslose, die Hausarbeit machen, kombiniert mit einer öffentlich geförderten Beschäftigung: 19 Personen

4. Erwerbslose, die Hausarbeit machen, kombiniert mit einer öffentlich geförderten Beschäftigung und zudem noch Bildungsarbeit: 14 Personen

5. Erwerbslose, die Hausarbeit, Gemeinsinnarbeit und Bildungsarbeit machen: 22 Personen.

Die Abbildung 3 stellt die Ergebnisse grafisch dar.

Die Grafik zeigt, dass die Personen, die neben der Hausarbeit noch der Gemeinsinnarbeit nachgehen, in allen vier Dimensionen die besseren Gesundheitswerte aufweisen. Jedoch ist aus der Abbildung nicht ersichtlich, welche Unterschiede bedeutsam sind, d. h. nicht zufällig sind. Die Grafik lässt vermuten, dass die Gruppen sich im Gefühl der Wertschätzung nicht unterschieden. Die statistische Prüfung bestätigt dies. Ebenso sind die Unterschiede zwischen den Gruppen im Selbstwert und in der Depressivität nicht statistisch bedeutsam. Lediglich im Sinnerleben gibt es signifikante Unterschiede. Die Gruppe 1, also diejenigen, die nur Hausarbeit verrichten, haben das geringste Sinnerleben. Ein signifikant bedeutsamer Gewinn

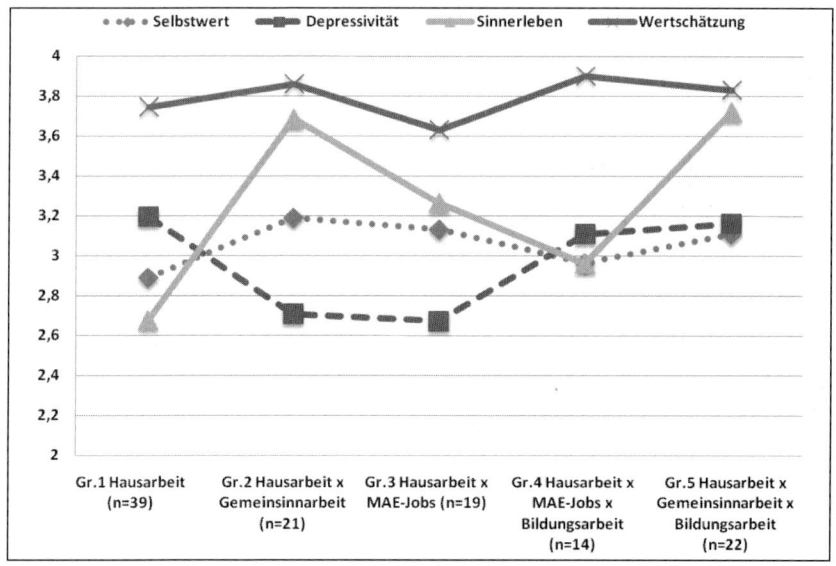

Abb. 3: Mittelwerte der vier Befindensindikatoren (1=nicht vorhanden bis 5=stark vorhanden) für fünf Gruppen.

ergibt sich gegenüber der alleinigen Hausarbeit bei Gruppe 2 (Hausarbeit und Gemeinsinnarbeit) sowie bei Gruppe 5 (Hausarbeit, Gemeinsinnarbeit und Bildungsarbeit). Gemeinsinnarbeit und Bildungsarbeit erscheinen als förderlich für das Sinnerleben. Zu beachten ist, dass die Gruppe, die neben Hausarbeit und öffentlich geförderter Beschäftigung auch noch Bildungsarbeit verrichtet (Gruppe 4), signifikant schlechter abschneidet als die Gruppen, die Hausarbeit mit Gemeinsinnarbeit (Gruppe 2) oder mit Gemeinsinnarbeit und Bildungsarbeit (Gruppe 5) kombinieren. Bildungsarbeit ist also für das Sinnerleben nicht in jeder Kombination ein Gewinn (nicht in Gruppe 4, wohl aber in Gruppe 5). Es wird auch deutlich, dass die Erweiterung der Hausarbeit um öffentliche Beschäftigung nicht zu einem besseren Sinnerleben beiträgt (Gruppe 3), auch dann nicht, wenn Bildungsarbeit hinzukommt (Gruppe 4).

7. Quellen des Sinnerlebens

In zwei Gruppen wurde ein höheres Sinnerleben festgestellt als in den anderen. Die Abbildung 3 zeigt, dass es sich um die Gruppe 2, die Hausarbeit und Gemeinsinnarbeit durchführt und die Gruppe 5 mit Hausarbeit, Gemeinsinnarbeit und Bildungsarbeit handelt. Noch ist unklar, was die Quelle des höheren Sinnerlebens ist. Die Abbildung 2 macht deutlich, dass in der Hausarbeit der Handlungsspielraum und in der Gemeinsinnarbeit der Kooperationsspielraum besonders hoch ausgeprägt ist. Bei der Bildungsarbeit ist die Komplexität am höchsten. Diese ausgewählten Arbeitsmerkmale wurden daraufhin geprüft, ob sie in einem bedeutsamen Zusammenhang zum Sinnerleben stehen (durch multiple Regressionen, bei denen Geschlecht als Kontrollvariable einbezogen wurde, um geschlechtsspezifische Unterschiede erkennen zu können). Die Ergebnisse zeigen, dass keines dieser drei arbeitspsychologischen Merkmale der Arbeitsqualität bedeutsam ist für das Sinnerleben.

8. Resümee: Gesund durch Arbeit?

Wir konnten feststellen, dass Arbeit in unterschiedlichen Bereichen positiv für die psychische Gesundheit sein kann. Sofern neben der Hausarbeit noch eine andere Tätigkeit ausgeübt wird, ist das Sinnerleben höher und bei Frauen auch das Selbstwertgefühl. Es bedarf nicht erst der Aktivität in mehreren Formen der Arbeit, denn schon bei der Erweiterung um eine Form der Arbeit sind Sinnerleben und Selbstwertgefühl höher. Im Hinblick auf Depressivität und Wertschätzung konnte ein solcher Zusammenhang nicht festgestellt werden. Ein deutlich höheres Sinnerleben besteht bei der Kombination aus Hausarbeit und Gemeinsinnarbeit sowie der Kombination von Hausarbeit mit Gemeinsinnarbeit und Bildungsarbeit. In den Kombinationen, in denen die öffentlich geförderten Beschäftigungen enthalten waren, war jedoch das Sinnerleben nicht signifikant höher als in der Gruppe, die nur Hausarbeit verrichtet.

Hausarbeit in ihrer Bedeutung für die psychische Gesundheit ist seit Jahrzehnten ein Feld von Spekulationen anstelle solider Forschung (von wenigen Ausnahmen abgesehen, z.B. Resch, 1999; Scheel & Baethge, 2010). Gerade die Hausarbeit allein ist offenbar diejenige, die am wenigsten „bekömmlich" ist. Zurückweisen lässt sich damit die häufig formulierte Annahme, dass vor allem der Hausarbeit eine positive Funktion zukommt, beispielsweise durch die Strukturierung des Tages. Diese Annahme lässt unbeachtet, dass sich Hausarbeit zu einem erheblichen Teil zu jedem beliebigen Zeitpunkt innerhalb eines Tages und mit nahezu beliebig definiertem Qualitätsanspruch, d.h. Aufwand, durchführen lässt, so dass ihre strukturierende Funktion zumindest hinterfragt werden kann. Ebenso ist zu hinterfragen, ob denn diese Strukturierung tatsächlich positiv erlebt wird und welche anderen Merkmale mit der Hausarbeit noch verbunden sind (wie z.B. ökonomische Abhängigkeit, soziale Isolation, mangelnde Anerkennung usw., vgl. Mohr, 1993).

Einige Dinge konnten mit dieser Studie nicht geklärt werden: Die Quellen des Sinnerlebens konnten nicht identifiziert werden. Die vier arbeitspsychologischen Qualitätsmerkmale der Arbeit trugen nicht zur Erklärung bei. Jedoch ist dabei zu bedenken, dass in unserer Analyse unberücksichtigt bleibt, dass die fünf Arbeitsformen in unterschiedlicher Intensität durchgeführt werden (vgl. Abb. 1) und zudem aus methodischen Gründen unter den vier arbeitspsychologischen Merkmalen für jede Arbeit (vgl. Abb. 2) nur das am höchsten ausgeprägte in die Analyse aufgenommen werden konnte. Um alle vier Arbeitsmerkmale für jede Arbeitsform in die Analysen aufzunehmen, hätte bei einer solchen Vielzahl von Prädiktoren die Stichprobe größer sein müssen. Wünschenswert wäre also, eine solche Un-

129

tersuchung mit wesentlich mehr Untersuchungsteilnehmern durchzuführen. Dann wird sich manche Tendenz, die aus den Graphiken ablesbar ist, als signifikanter Unterschied herausstellen. Auch könnte man dann der Frage besser nachgehen, was denn nun das höhere Sinnerleben ausmacht, und Kombinationen untersuchen, für die in dieser Studie die Subgruppen zu klein waren (z.B. Kombinationen mit der Tauscharbeit). Die Befragung zu mehreren Zeitpunkten würde es ferner ermöglichen, Ursache-Wirkungsrichtungen abzuklären, also der Frage nachzugehen, ob denn die Formen der Arbeiten für das Sinnerleben und Selbstwertgefühl ausschlaggebend sind oder ob Menschen, die ein höheres Sinnerleben und ohnehin schon ein höheres Selbstwertgefühl haben, sich eher um eine weitere Arbeit neben der Hausarbeit bemühen. Schließlich wäre zu prüfen, ob die Ergebnisse auch für eine weniger gut ausgebildete und psychisch labilere Stichprobe gültig sind.

Die öffentlich geförderte Beschäftigung zeigte keine solche Bedeutung für die psychische Stabilisierung, wie es das damit offiziell verbundene Ziel des „Forderns und Förderns" erwarten lassen würde, obwohl sie von fast einem Viertel der Befragten täglich durchgeführt wird. Um auch den Aspekt des Förderns zu realisieren, wird es notwendig sein zu beachten, inwieweit diese Tätigkeiten den Kriterien einer menschengerechten Arbeit entsprechen (vgl. hierzu das Kapitel von Mühlpfordt und Richter in diesem Band).

Literatur

Autorengruppe Bildungsberichterstattung (Hrsg.) (2010). "Bildung in Deutschland 2010. Ein indikatorengestützter Bericht mit einer Analyse zu Perspektiven des Bildungswesens im demografischen Wandel" im Auftrag der Ständigen Konferenz der Kultusminister der Länder in der Bundesrepublik Deutschland und des Bundesministeriums für Bildung und Forschung. Bielefeld: Bertelsmann Verlag. (http://www.bildungsbericht.de/index.html?seite=8404 abgefragt: 25.9.2010).

Ball, M. & Orford, J. (2002). Meaningful patterns of activity amongst the long-term inner city unemployed: A qualitative study. Journal of Community & Applied Social Psychology, 12, 377-396.

Beste, J., Bethmann, S. & Trappmann, M. (2010). ALG-II-Bezug ist nur selten ein Ruhekissen. IAB Kurzbericht, 15, 1-8.

BPB (2010). Die Soziale Situation in Deutschland. Bundeszentrale für Politische Bildung. Zahlen und Fakten. (http://www.bpb.de/wissen/G4JM72,0,0, Bev%F6lkerung_nach_Bildungsabschluss.html abgefragt: 25.9.2010).

Dormann, C. & Zapf, D. (1999). Social support, social stressors at work, and depressive symptoms. Testing for main and moderating effects with structural equations in a three-wave longitudinal study. Journal of Applied Psychology, 84 (6), 874-884.

Frese, M. (1999). Social support as a moderator of the relationship between work stressors and psychological dysfunctioning. A longitudinal study with objective measures. Journal of Occupational Health Psychology, 4 (3), 179-192.

Feather, N. T. (1990). The psychological impact of unemployment. New York: Springer.

Göttling, S. (2006). Am Rande der Arbeitsgesellschaft – Psychologische Analyse der Arbeit langzeiterwerbsloser Menschen. Unveröffentlichte Dissertation, Universität Leipzig.

Hilpert, M. (2001). Zwischen Zivilgesellschaft, Selbsthilfe und Schwarzarbeit. WSI Mitteilungen, 3, 196-203.

Krause, A. & Resch, M. (2002). Ehrenamtliches Engagement in Flensburg – eine repräsentative Befragung. Discussion Paper, Nr. 02. Flensburg: Internationales Institut für Management.

Merkel, D. (2009). Erwerbslose: gesund durch Arbeit? Psychologische Analyse des Zusammenwirkens verschiedener Facetten von Arbeit bei Langzeiterwerbslosen. Unveröffentlichte Diplomarbeit, Universität Leipzig.

Mohr, G. & Müller, A. (2004). Depressivität im nichtklinischen Kontext. In A. Glöckner-Rist (Hrsg.), ZUMA-Informationssystem. Elektronisches Handbuch sozialwissenschaftlicher Erhebungsinstrumente. ZIS Version 8.00. Mannheim: Zentrum für Umfragen, Methoden und Analysen.

Mohr, G. (1993). Frauenarbeitslosigkeit: Spekulationen und Befunde. In: Mohr, G. (Hrsg.), Ausgezählt. Theoretische und empirische Beiträge zur Psychologie der Frauenerwerbslosigkeit (S. 17-48). Weinheim: Deutscher Studienverlag.

Mojza, E. J. & Sonnentag, S. (2010). Does volunteer work during leisure time buffer negtive effects of job stressors? A diary study. European Journal of Work and Organizational Psychology, 19, 231-252.

Mühlpfordt, S., Rothländer K. & Richter, P. (2010). Gesundheitlicher Nutzen von geförderten freiwilligen Tätigkeiten für Langzeiterwerbslose. In T. Rigotti, S. Korek & K. Otto (Hrsg.), Gesund mit und ohne Arbeit (S. 409-420). Lengerich: Pabst Science Publishers.

Resch, M. (1999). Erhebung und Bewertung von Tätigkeiten außerhalb der Erwerbsarbeit mit dem AVAH-Verfahren. Zürich: vdf.

Saiger, H. (1998). Die Zukunft der Arbeit liegt nicht im Beruf. München: Kösel.

Scheel, T. & Baethge, A. (2010) Zusammenhang von Hausarbeit und arbeitsbezogener Depressivität oder – Don't do the dishes baby! In T. Rigotti, S. Korek & K. Otto (Hrsg.), Gesund mit und ohne Arbeit (S. 49-61). Lengerich: Pabst Science Publishers.

Semmer, N. K. & Mohr, G. (2001). Arbeit und Gesundheit: Konzepte und Ergebnisse der arbeitspsychologischen Stressforschung. Psychologische Rundschau, 52, 150-158

Semmer, N., Zapf, D. & Dunckel, H. (1998). Instrument zur stressbezogenen Tätigkeitsanalyse ISTA. In H. Dunckel (Hrsg.), Handbuch der Instrumente zur Arbeitsanalyse. Zürich: Verlag der Fachvereine.

Sixsmith, J.A. (1999). Working in the hidden economy: The experience of unemployed men in the UK. Community, Work & Family, 2, 257-277.

Aktiv-Office: Eine Maßnahme für Langzeiterwerbslose bei den Leipziger Verkehrsbetrieben (LVB)

Katrin Zäbisch, Ulrike Arnold, Nadin Krocker, Gisela Mohr

Zusammenfassung

Im folgenden Beitrag wird das Ergebnis der psychologischen Begleitforschung einer Arbeitsgelegenheit mit Mehraufwandsentschädigung (AGH mit MAE) im Land Sachsen dargestellt. Die Besonderheit dieser Maßnahme ist, dass sie 36 Monate dauert. Es wurde eine Teilgruppe von 61 Personen zu Beginn und nach durchschnittlich 26 Monaten befragt. Die Depressivität, das Selbstwertgefühl und die Initiative haben sich nicht bedeutsam verändert. Das Wohlbefinden hat sich signifikant verbessert. Es zeigt sich ein Zusammenhang zwischen Wohlbefinden zu Beginn und erlebter sozialer Unterstützung zum zweiten Befragungszeitpunkt: Personen mit anfänglich besserem Wohlbefinden geben später mehr soziale Unterstützung an. Zu beachten ist, dass die Teilnehmer bereits eine Positivauswahl darstellen. Die Teilnahme an der Maßnahme war freiwillig und verlangte Eigeninitiative. Alle Teilnehmer mussten ein Bewerbungsverfahren durchlaufen, das nur von jedem dritten Teilnehmer erfolgreich bestanden wurde. Die AGH mit MAE war für diesen Teilnehmerkreis geeignet, gegen Destabilisierung der psychischen Gesundheit durch Langzeitarbeitslosigkeit zu schützen und das Wohlbefinden zu verbessern.

Der nachfolgende Bericht enthält die Ergebnisse einer Begleitforschung, die in der Abteilung Arbeits- und Organisationspsychologie am Institut für Psychologie an der Universität Leipzig durchgeführt wurde. Ziel dieser wissenschaftlichen Begleitung war es herauszufinden, ob eine besondere Maßnahme der Stadt Leipzig für Langzeiterwerbslose – das Projekt „Aktiv-Office" der Leipzi-

ger Verkehrsbetriebe GmbH (LVB) – aus psychologischer Perspektive relevante Effekte zeigt.

1. Fragestellung der psychologischen Begleitforschung

In der Erwerbslosigkeitsforschung geht man davon aus, dass es für den Erfolg einer Maßnahme nicht nur das Kriterium der Wiedervermittlungsrate gibt, sondern auch, ob die Maßnahme die psychische Gesundheit der Erwerbslosen stabilisiert oder wiederherstellt (Mohr & Otto, 2005). Die hier dargestellte *psychologische* Begleitforschung konzentriert sich auf die Frage, ob das Projekt Aktiv-Office zu einer Stabilisierung, wenn möglich zu einer Verbesserung der *psychischen* Befindlichkeit der Langzeiterwerbslosen beitragen kann.

Aus der Erwerbslosigkeitsforschung der letzten drei Jahrzehnte ist zur Genüge bekannt, dass Erwerbslosigkeit zu psychischen Beeinträchtigungen führt und dass die Dauer der Erwerbslosigkeit dabei eine Rolle spielt (Mohr, 2010). Zwar ist es schwierig, über mehrere Jahre andauernder Erwerbslosigkeit die psychische Verfassung der Erwerbslosen abzubilden, jedoch gibt es Hinweise darauf, dass auch noch nach längerer Zeit Verschlechterungen der psychischen Gesundheit auftreten können. Stresstheoretisch betrachtet ist es naheliegend davon auszugehen, dass andauernde Erwerbslosigkeit bedeutet, alltäglichen Ärgernissen, „daily hassle" (Lazarus, 1984), ausgesetzt zu sein. Das heißt, nicht nur das besondere kritische Lebensereignis – der Arbeitsplatzverlust – muss bewältigt werden, sondern alltägliche Hindernisse in der Lebensführung, an prominenter Stelle der Umgang mit geringerem Einkommen, der Umgang mit Anforderungen der Arbeitsverwaltung usw. Die Statistiken der Krankenkassen zeigen eindrücklich, dass diese Konfrontation mit den „täglichen Stressoren" (bei gleichzeitig geringer oder fehlender Belohnung durch erfolgreiche Veränderungen) auf Dauer nicht ohne Folgen für die psychische Verfassung der Erwerbslosen bleibt: Psychische Krankheiten sind bei den Erwerbslosen die zweithäufigste Diagnose. Sie sind der häufigste Grund für einen stationären Aufenthalt. Die Anzahl der Arbeitsunfähigkeitstage durch psychische Erkrankungen ist um das Vierfache erhöht gegenüber den pflichtversicherten Beschäftigten und sogar um das Zehnfache gegenüber den freiwillig

Versicherten. Erwerbslosen werden im Vergleich zu den Erwerbstätigen drei Mal mehr Psychopharmaka verordnet (BKK, 2009).

Andauernde Erwerbslosigkeit ist also teuer, nicht nur durch die Kosten für die Arbeitsverwaltung und finanziellen Zuwendungen an die Erwerbslosen. Sie „kostet" einen Teil der Betroffenen ihre (psychische) Gesundheit und die Gesellschaft erhebliche Mittel zur Gesundheitsversorgung. Es wäre demnach ein Gewinn, wenn eine Maßnahme wie Aktiv-Office dazu beitragen könnte, dass die psychische Gesundheit der Langzeiterwerbslosen erhalten bleibt.

Jedoch nicht nur im Hinblick auf die mit Krankheit verbundenen individuellen und gesellschaftlichen Kosten ist die Stabilisierung der psychischen Gesundheit von (Langzeit-)Erwerbslosen dringlich. Der Verlust der psychischen Gesundheit bei Erwerbslosen ist besonders fatal, weil damit genau jene psychischen Kräfte fehlen, die man in Bewerbungssituationen und in einer neuen beruflichen Anforderungssituation besonders nötig hat: Optimismus, Selbstsicherheit, Kontaktfreudigkeit, Initiative. Gelingt es, dies (wieder) herzustellen, so schafft man damit die psychischen individuellen Voraussetzungen für den Wiedereinstieg. Die psychische Stabilisierung stellt damit ein Mittel zur Selbsthilfe dar. In diese Begleituntersuchung wurde infolgedessen die Erfassung von beruflicher Selbstwirksamkeitserwartung, Initiative, Wohlbefinden und Depressivität einbezogen.

Depressivität kann als Vorläufer einer klinischen Depression betrachtet werden. Diese geht mit negativer Sicht von sich selbst und der Umwelt einher, mit Misserfolgserwartungen und Passivität, was als Hindernis für die Arbeitssuche und in Bewerbungssituationen betrachtet werden kann. Depressive Reaktionen werden immer wieder bei Erwerbslosen festgestellt, insbesondere bei andauernder Erwerbslosigkeit (Mohr, 2010). Daher ist sinnvollerweise zu prüfen, ob depressive Stimmungen im Laufe der Teilnahme bei Aktiv-Office abnehmen. Für diese Begleituntersuchung wurde ein Fragebogen genutzt, der Depressivität im Vorfeld einer behandlungsbedürftigen Depression erfassen soll (Mohr & Müller, 2006).

Eine geringe Depressivität geht noch nicht automatisch mit Wohlbefinden einher. Vielmehr ist Wohlbefinden als eine eigenständige Qualität von Gesundheit zu betrachten. Dies wurde in dieser Studie durch die Einbeziehung des Wohlbefindensindex von Brähler, Mühlan, Albani und Schmidt (2007) berücksichtigt.

Mit Selbstwirksamkeitserwartung ist gemeint, dass eine Person von sich selbst glaubt, eine anstehende Aufgabe bewältigen zu können. Im Kontext von Aktiv-Office ist speziell die berufliche Selbstwirksamkeitserwartung von Interesse, d.h. inwieweit eine Person meint, berufliche Aufgaben bewältigen zu können (Schyns & v. Collani, 2002).

Mit Initiative wird ein Verhalten beschrieben, das über die direkt abgeforderten Aktivitäten (z.b. im Beruf) hinausgeht. Es ist durch Ausdauer bei der Konfrontation mit Hindernissen, Ziel- und Handlungsorientierung sowie eigenaktives Handeln gekennzeichnet (Frese, Kring, Soose & Zempel, 1996). Frese et al. (2002) konnten feststellen, dass Initiative kein stabiles Persönlichkeitsmerkmal, sondern durchaus mit gezielter Schulung in wenigen Tagen bei Erwerbslosen verbesserbar ist. Arbeitsmerkmale wie komplexe Aufgabenstellung und ein hohes Maß an Selbstbestimmungsmöglichkeiten fördern die Eigeninitiative (Frese et al., 1996). Schließlich soll erfasst werden, ob sich das Wohlbefinden der Langzeiterwerbslosen verbessert.

Die Frage nach dem anderen Erfolgskriterium – für wie viele gelingt der Übergang in den ersten oder zweiten Arbeitsmarkt – wird an anderer Stelle dokumentiert (Krocker, 2010).

2. Das Projekt Aktiv-Office: Kurzbeschreibung

Die Initiative Aktiv-Office startete im Jahr 2006 als ein Pilotprojekt des ehemaligen Bundesverkehrministers, W. Tiefensee, in Leipzig. Insgesamt 300 Langzeiterwerbslosen sollte im Rahmen einer AGH mit MAE (SGB II § 16d) die Möglichkeit gegeben werden, einer sinnvollen Tätigkeit nachzugehen. Ein erklärtes Ziel der Initiative war mit berufspraktischen Erfahrungen, fachlicher und persönlicher Qualifizierung sowie Anerkennung Langzeitarbeitslosen zu helfen, wieder in den ersten Arbeitsmarkt zurückzukehren (vgl. Pressemitteilung der LVB vom 25.10.2007). Durchgeführt wird dieses Projekt in Kooperation der Leipziger Verkehrsbetriebe (LVB) GmbH und der Arbeitsgemeinschaft Leipzig (ARGE).

Die Langzeiterwerbslosen können in vier verschiedenen Tätigkeitsfeldern eingesetzt werden: als Bus- und Bahnbegleiter, Hilfsdienst für mobilitätseingeschränkte Personen, Zielgruppenberater (d.h. Beratung von Schulklassen, alten Menschen in Heimen etc.) sowie Berater im Öffentlichen

Personennahverkehr (ÖPNV). Der größte Teil der Aktiv-Office-Teilnehmer und Teilnehmerinnen ist im Begleitdienst tätig. Für den einzelnen Teilnehmer ist die Dauer auf 36 Monate ausgelegt, mithin weitaus länger als gemeinhin üblich bei AGH mit MAE. Bei einer eventuellen Vermittlung in den ersten Arbeitsmarkt kann die Teilnahme jederzeit abgebrochen werden. Durchschnittlich betrug der Zuverdienst 147 € pro Monat bei 120 Stunden monatlicher Arbeitszeit. Ferner werden die Haftpflichtversicherung und der Unfallschutz von den LVB übernommen. Alle erhielten LVB-Monatskarten. Zur Teilnahme berechtigt sind Erwerbslose, welche seit 12 Monaten ALG-II beziehen und wohnhaft in der Stadt bzw. im Landkreis Leipzig sind.

3. Die Teilnehmer der psychologischen Begleitforschungsstudie

Die Begleitforschungsstudie bestand aus zwei Erhebungszeitpunkten: Sommer 2007 und Frühjahr 2009 (vgl. Steinhorst[1], 2007; Arnold, 2010). Die uns interessierende Gruppe von 61 Personen, für die Daten sowohl 2007 als auch 2009 vorliegen, war im Durchschnitt 42.1 Jahre alt. Die Tabelle 1 gibt Auskunft über die Tätigkeitsbereiche und einige weitere demografische Merkmale. Die Mehrheit war im Bus- und Bahnbegleitdienst tätig. Die Tätigkeitsdauer bei Aktiv-Office betrug durchschnittlich 26 Monate. Die kürzeste Teilnahme am Projekt war 23 Monate.
Vor der Maßnahme waren 49 der Befragten mehrfach erwerbslos. Die Dauer der gesamten Erwerbslosigkeit betrug durchschnittlich 28 Monate. Zu beachten ist, dass die Teilnehmer der Begleitforschungsstudie eine „Positivauswahl" unter den Erwerbslosen darstellen. Die Teilnahme am Projekt beruht auf Freiwilligkeit und verlangt eine Bewerbung, mithin also ein gewisses Maß vorhandener Initiative. Aus 1898 Bewerbern wurden für die vorhandenen 300 Plätze die Teilnehmer und Teilnehmerinnen mittels eines Bewerbungsgesprächs ausgewählt. Dabei standen die Kriterien Motivation, Kommunikationsfähigkeit, Kritik- und Konfliktfähigkeit sowie Auftreten im Vordergrund. Der Vergleich der Teilnehmer an der zweiten Be-

---

[1] jetzt Zäbisch

Tab. 1: Merkmale der Befragungsteilnehmer

	Anzahl der Personen
Maßnahmenbewerber und Bewerberinnen (für 300 Plätze)	1898
Teilnehmer und Teilnehmerinnen in 2007	270
von diesen nahmen an der Befragung teil	210
Teilnehmer und Teilnehmerinnen in 2009[2]	294
von diesen nahmen an der Befragung teil	292
an der Befragung sowohl in 2007 als auch in 2009 nahmen teil	61
männlich	33
weiblich	28
Bus- und Bahnbegleiter	48
Begleitdienst Mobilitätseingeschränkte Personen	5
Berater ÖPNV	5
Verkehrsberatung für spezifische Zielgruppen	2[3]
mittlerer Schulabschluss	57
höherer Schulabschluss	15
in fester Partnerschaft oder verheiratet	19
alleinstehend, getrennt lebend, verwitwet, geschieden	42
keine Kinder	28
Durchschnittliches Alter (Mittelwert) = 42.1 Jahre	
bisherige Dauer in der Maßnahme (Mittelwert) = 26 Monate	

[2] Zwischen Beginn und Ende der Maßnahme sind 245 Personen aus unterschiedlichen Gründen ausgeschieden (davon 115 wegen eines Arbeitsplatzes auf dem ersten Arbeitsmarkt), deren Plätze neu besetzt wurden.

[3] Fehlende Angaben der Befragten führen dazu, dass die Summe der Einzelwerte nicht 61 bzw. 100% ergibt und Berechnungen teilweise mit reduzierter Stichprobe durchgeführt werden mussten.

fragung („Längsschnittstichprobe") mit denjenigen, die nur beim ersten Mal teilgenommen haben, zeigt, dass die Personen der Längsschnittstichprobe ein höheres Selbstwertgefühl haben.

Die Depressivitätswerte liegen im Vergleich zu Stichproben Erwerbstätiger (Dormann & Zapf, 1999; Frese, 1999) signifikant niedriger (bei Verwendung identischer Messinstrumente). Die Werte für Initiative unterscheiden sich nicht von denen Beschäftigter in der Alten- und Krankenpflege (Binnewies, Ohly & Sonnentag, 2007) oder aus dem Bankenbereich (Bledow & Frese, 2009). Zu bedenken ist, dass bei diesen hier aufgeführten Vergleichsstichproben Erwerbstätiger jeweils ein erheblicher Teil in einer Führungsposition tätig war (44% bzw. 57%). Ganz offensichtlich handelt es sich also bei den AGH-Teilnehmern, die sich (aus eigener Initiative) beworben haben, die Bewerberauswahl bestanden haben und an der zweiten Befragung teilnehmen, um eine Positivauswahl.

4. Ergebnisse

Die Analyse der Werte der Befragten zeigen, dass zwischen Sommer 2007 und Frühjahr 2009 bei den 61 Personen, die an beiden Befragungen teilgenommen haben, keine Veränderungen im Ausmaß der Depressivität, der beruflichen Selbstwirksamkeitserwartung und der Initiative festzustellen sind, wohl aber im Wohlbefinden: Gegen Ende der Maßnahme hatten die Teilnehmer und Teilnehmerinnen ein besseres Wohlbefinden (2007 liegt der Mittelwert bei 3.4, 2009 bei 4.2. Der Unterschied ist hochsignifikant (z (60)= - 4.702, p<. 001; der Effekt ist mit d= 0.66 als mittel bis hoch zu bewerten). Dies gilt für Männer und Frauen gleichermaßen. Hierin drückt sich einerseits aus, dass bei gering ausgeprägter Depressivität eine weitere Verminderung nicht sehr wahrscheinlich ist. Andererseits ist zu bedenken, dass eine Verbesserung des Wohlbefindens (sich entspannt fühlen, guter Laune sein) ohne merkliche Veränderung der Depressivität (gekennzeichnet durch negative Stimmungen und Gefühle) kein Widerspruch ist, da positive und negative Emotionen gleichzeitig vorhanden sein können (vgl. Diener & Emmons, 1984).

Die Maßnahme hat also einer Abnahme der beruflichen Selbstwirksamkeit, der Initiative und einer Zunahme der Depressivität entgegengewirkt.

Darüber hinaus hat sie zu einer Verbesserung des Wohlbefindens beigetragen.

Als nächstes soll der Frage nachgegangen werden, worauf die Stabilisierung der psychischen Verfassung und die Verbesserung des Wohlbefindens zurückzuführen sind. Wenn solch unterstützende Bedingungen bekannt sind, dann könnte man sie in zukünftigen Maßnahmen explizit gestalten. Unter der Vielzahl denkbarer förderlicher Bedingungen haben wir uns auf die Analyse einiger zentraler, gestaltbarer Merkmale der Arbeit beschränkt, die in der arbeitspsychologischen Fachliteratur gemeinhin als relevant für die psychische Gesundheit gelten (Semmer & Mohr, 2001): Tätigkeitsspielraum, Anforderungsvielfalt, Transparenz (nach Richter & Wardanjan, 2000). Ferner wird davon ausgegangen, dass die erlebte Unterstützung, d.h. der soziale Austausch, den die Tätigkeit ermöglicht, von Bedeutung sein könnte (Rimann & Udris, 1993).

Die Analyse der Zusammenhänge zwischen diesen Arbeitsmerkmalen und den Gesundheitsindikatoren für 2007 und 2009 (im Rahmen von cross-lagged-panel Analysen, vgl. Arnold, 2010) zeigt, dass in jedem der beiden untersuchten Jahre erwartungsgemäße Zusammenhänge zwischen Tätigkeitsmerkmalen und den Gesundheitsindikatoren vorliegen (Tabelle 2). So gehen größere Tätigkeitsspielräume sowohl 2007 als auch 2009 mit größerer beruflicher Selbstwirksamkeit und mit mehr Initiative einher. Vielfältigere Anforderungen sind mit stärkerer Initiative verbunden, 2009 auch mit höherer beruflicher Selbstwirksamkeit. In 2007 ist bei mehr Transparenz auch die Initiative größer. Und 2009 bestätigt sich die Erwartung, dass stärkere soziale Unterstützung mit geringeren Depressivitätswerten verbunden ist.

Diese aufgeführten Zusammenhänge lassen jedoch keine Aussagen zur Wirkrichtung zu. Um Aussagen treffen zu können, dass die Tätigkeitsmerkmale die Gesundheitsindikatoren beeinflussen, sollte sich ein Zusammenhang der Tätigkeit von 2007 auf die Gesundheit 2009 nachweisen lassen. Dieser sollte stärker sein als der Zusammenhang Gesundheit 2007 zu Tätigkeitsmerkmalen 2009. Vorliegende Daten in Tabelle 2 lassen keine Aussagen zur Wirkrichtung zu. Die Zusammenhangsmaße „Tätigkeitsmerkmal 2007 und Gesundheit 2009" sowie „Gesundheit 2007 und Tätigkeitsmerkmal 2009" unterscheiden sich in allen untersuchten Merkmalen statistisch nicht bedeutsam. Es kann gelten, dass Personen mit mehr beruflichem Selbstwertgefühl, mehr Initiative und geringerer Depressivität in

Tab. 2: Zusammenhänge (Korrelationen *p< .05, **p< .01) der Merkmale der Arbeitstätigkeit und der sozialen Unterstützung mit Gesundheitsindikatoren 2007 und 2009 (beruflicher Selbstwirksamkeit, Initiative und Depressivität)

	berufliche Selbstwirksamkeit 2007	berufliche Selbstwirksamkeit 2009	Initiative 2007	Initiative 2009	Depressivität 2007	Depressivität 2009
Tätigkeitsspielraum 2007	.32*	.12	.29**	-.01	-.13	.10
Tätigkeitsspielraum 2009	.13	.29*	.16	.20*	.09	-.21
Anforderungsvielfalt 2007	.16	.13	.29**	.13	-.18	-.14
Anforderungsvielfalt 2009	.26*	.28*	.17	.25**	-.03	-.23
Transparenz 2007	.21	.18	.23*	.12	-.13	-.28*
Transparenz 2009	.16	.28	.09	.10	-.04	-.11
Soziale Unterstützung 2007	.00	.03	.23	-.19	-.15	-.04
Soziale Unterstützung 2009	-.01	.11	-.03	.06	-.34*	-.29*

Anmerkung: Die sich gegenüberliegenden grau unterlegten Felder eines Quadranten sollten sich jeweils statistisch unterscheiden, um eine Wirkrichtung feststellen zu können. Wenn Tätigkeitsmerkmale von 2007 einen statistisch nachweisbar stärkeren Zusammenhang zu Gesundheitsindikatoren von 2009 haben als Gesundheitsindikatoren 2007 zu Tätigkeitsmerkmalen 2009, dann hat die Tätigkeitsgestaltung einen stärkeren Einfluss auf Gesundheit und aktives Verhalten als umgekehrt. Die hier dargestellten Korrelationswerte unterscheiden sich nicht signifikant.

141

Arbeitsverhältnissen „landen", die einen größeren Tätigkeitsspielraum, mehr Anforderungsvielfalt und mehr Transparenz sowie mehr soziale Unterstützung enthalten. Es kann aber auch sein, dass die Tätigkeiten Gesundheit und Aktivität bewirken. Hier scheinen sich beide Richtungen überwiegend auszugleichen.

Darüber hinaus haben sich die einzelnen Tätigkeitsbereiche zumindest in der subjektiven Bewertung über den Zweijahreszeitraum verändert. Die Tätigkeitsbewertungen 2007 und 2009 stehen verhältnismäßig niedrig miteinander in Beziehung (maximale Retestkorrelation r_{tt}= .40). Dies kann bedeuten, dass sich die Aufgaben für einige verbessert, für andere verschlechtert haben. Daher ist in dieser Studie zu berücksichtigen, dass auch der Einfluss der Tätigkeit von 2007 auf das Befinden 2009 nicht sehr stabil sein kann.

In Bezug auf das Wohlbefinden, das sich über die Maßnahmendauer verbessert hat, zeigt die Tabelle 3, dass zu Beginn der Maßnahme nur mit dem Tätigkeitsspielraum eine zwar signifikante, aber niedrige positive Beziehung vorliegt. In 2009 sind die anderen untersuchten Arbeitsmerkmale für das Wohlbefinden bedeutsam. Der Vergleich der Korrelationen lässt hier eine Wirkungsrichtung absichern, allerdings nicht in erwarteter Richtung: Die beiden Korrelationen zwischen Wohlbefinden und sozialer Unterstützung (r =.30* und r= -.09) unterscheiden sich signifikant. Zu erwarten wäre gewesen, dass die anfängliche Einschätzung, soziale Unterstützung zu erhalten, sich positiv auf das spätere Wohlbefinden auswirkt. Jedoch zeigt sich, dass ein zu Anfang besseres Wohlbefinden mit der Wahrnehmung von mehr sozialer Unterstützung zum Zeitpunkt der zweiten Befragung zusammenhängt. Dies lässt also die Schlussfolgerung zu, dass Personen mit größerem Wohlbefinden mehr soziale Unterstützung erhalten oder eher in der Lage sind, diese wahrzunehmen oder anzunehmen.

*Tab. 3: Zusammenhänge (Korrelationen *p< .05, **p< .01) der Merkmale der Arbeitstätigkeit und der sozialen Unterstützung mit dem Wohlbefinden 2007 und 2009*

	Wohlbefinden 2007	Wohlbefinden 2009
Tätigkeitsspielraum 2007	.19*	.10
Tätigkeitsspielraum 2009	.08	.16
Anforderungsvielfalt 2007	.13	.17
Anforderungsvielfalt 2009	.09	.27**
Transparenz 2007	.18	.32*
Transparenz 2009	.23	.31*
Soziale Unterstützung 2007	.22	-.09
Soziale Unterstützung 2009	.31*	.27*

Anmerkung: (siehe auch Anmerkung Tabelle 2) Ein signifikanter Unterschied liegt nur für die Korrelation von r = .30 * und r = -.09 vor, d. h. Personen, die soziale Unterstützung gegen Ende der Maßnahme als hoch angeben, haben bereits zu Beginn ein besseres Wohlbefinden

5. Diskussion

Unsere Ergebnisse zeigen: Für die Dauer von fast zwei Jahren ohne Tätigkeit auf dem ersten Arbeitsmarkt ist die psychische Gesundheit stabil geblieben. In Bezug auf die Merkmale, die für das Bestehen in der Konkurrenz um die Arbeitsplätze bedeutsam sind, Selbstwertgefühl, Initiative und Depressivität, konnte einer Verschlechterung entgegengewirkt werden. Dies allein ist zweifellos ein erheblicher Erfolg, bedenkt man, welche erosive Wirkung andauernde Erwerbslosigkeit sonst auf die psychischen Ressourcen der von uns Befragten vermutlich gehabt hätte. In der Längsschnittstudie von Frese und Mohr (1987) wurde deutlich, dass diejenigen, die nach eineinhalb Jahren noch immer arbeitslos waren, ein signifikant höheres Ausmaß von Depressivität aufwiesen als zu Beginn. Für die hier untersuchte Gruppe von Maßnahmenteilnehmern und -teilnehmerinnen hat sich das Wohlbefinden sogar verbessert.

Aufschlussreich sind unsere weiteren Analysen darüber, was nun zur Stabilisierung der beruflichen Selbstwirksamkeitserwartung, Initiative und (geringeren) Depressivität bzw. zur Verbesserung des Wohlbefindens beiträgt. Die psychologische Qualität der Arbeitsaufgaben in der AGH (Tätigkeitsspielraum, Anforderungsvielfalt, Transparenz) weist sowohl in 2007 als auch in 2009 einige signifikante, positive Zusammenhänge zu Selbstwirksamkeitserwartung und Initiative auf. Transparenz (2007) und die soziale Unterstützung (2009) zeigen den erwarteten Zusammenhang zu Depressivität, d.h. diese ist niedriger bei viel Transparenz und mehr sozialer Unterstützung. Allerdings lassen die Ergebnisse nicht den Schluss zu, dass die Merkmale der Maßnahme ursächlich sind für das Ausmaß an beruflicher Selbstwirksamkeit und Initiative. Es ist nicht auszuschließen, dass Personen mit höherer beruflicher Selbstwirksamkeit und mehr Initiative auch Arbeitsplätze einnehmen, die durch mehr Tätigkeitsspielraum, mehr Anforderungsvielfalt, mehr Transparenz und größere soziale Unterstützung gekennzeichnet sind. Möglich ist auch, dass sie in der Lage sind, mehr von diesen positiven Aspekten der Arbeit wahrzunehmen, oder generell zu einer positiveren Einschätzung ihrer Situation neigen. Trotz in einigen Fällen ungeklärter Wirkungsrichtung wird deutlich, dass die positive Gestaltung der Arbeitsbedingungen einer AGH nicht zu vernachlässigen ist. Bedenkenswert für die Gestaltung und Motivierung von Teilnehmern ist die Überlegung, dass eine Maßnahme, die (zu Beginn) als transparent, das heißt als in ihren Zielen und Abläufen klar erlebt wird, mit einer höheren Initiative am Anfang einhergeht.

Im Hinblick auf das Wohlbefinden konnte die Wirkungsrichtung durch unsere längsschnittliche Analyse statistisch abgesichert werden. Es zeigt sich, dass jene Personen, die schon zu Beginn ein höheres Wohlbefinden haben, gegen Ende der Maßnahme mehr soziale Unterstützung angeben. Hier deutet sich eventuell ein Zirkel an: Personen, die (von Beginn an) in besserer psychischer Verfassung sind, können soziale Unterstützung eher wahrnehmen bzw. annehmen oder erhalten mehr. Bei schlechterer psychischer Gesundheit zieht sich das soziale Umfeld zurück oder soziale Unterstützung wird nicht mehr als Hilfe wahrgenommen.

Bei der Bewertung unserer Ergebnisse ist zu bedenken, dass die Teilnehmer der Maßnahme ganz offensichtlich eine Positivauswahl unter den Arbeitslosen darstellen und dass die Untersuchung mit einer sehr kleinen Stichprobe durchgeführt wurde. Das führt dazu, dass kleine – gleichwohl für das Individuum bedeutsame – Veränderungen nicht nachgewiesen werden können. Hier wäre also erst noch eine Überprüfung an einer größeren Stichprobe anzuraten.

Offen ist derzeit die Frage, ob die positiven Effekte in Bezug auf die psychische Gesundheit, insbesondere das psychische Wohlbefinden, anhalten werden, insbesondere wenn auch nach Beendigung der Maßnahme für längere Zeit der Einstieg in den ersten Arbeitsmarkt nicht gelingt. Bisherige Evaluationsstudien anderer Maßnahmen sprechen dagegen (vgl. Mohr, 2010). Enttäuschte Hoffnung auf eine Verbesserung der Situation (Frese & Mohr, 1987) und der neuerliche Kampf mit den Schwierigkeiten des Alltags von Langzeiterwerbslosen, das wiederholte Gefühl der Ohnmacht und der Unabänderlichkeit der Situation mögen hierfür der Hintergrund sein. Allerdings ist es auch möglich, dass sich stabilisierende Effekte erst nach Ende der Maßnahme zeigen und erst im Vergleich mit anderen Langzeiterwerbslosen, die an keiner Maßnahme teilgenommen haben, deutlich werden. Hierfür sprechen die Ergebnisse der Studie von Price, Ryan und Vinokur (1992) sowie Vuori und Silvonen (2005). Hier zeigte sich zirka zwei Jahre nach Ende der Maßnahme ein besseres gesundheitliches Befinden gegenüber solchen Erwerbslosen, die an keiner Maßnahme teilgenommen haben. Untersuchungen mit solch langen Nachuntersuchungszeiträumen sind extrem selten. Die Autoren vermuten, dass die Maßnahme auf lange Sicht hilfreich war, weil sie die Langzeiterwerbslosen befähigt hat, mit „alltäglichen Ärgernissen" und wiederholter Erwerbslosigkeit besser umzugehen. In diesem Zusammenhang wird auch von einem Immunisierungseffekt gegen weitere Niederlagen gesprochen (Kieselbach, Klink, Scharf & Schulz, 1998).

Die Gesellschaft ist gefordert zu überlegen, ob und welche gesellschaftlichen Kosten (wo!) aufgebracht werden, um Erwerbslose zumindest zu stabilisieren. Dabei wird es notwendig sein, das „Kostendenken" organisationsübergreifend zu betreiben, denn eine erfolgreiche Maßnahme wird Kosten verursachen bei einer Organisation (z. B. der Kommune), aber für eine andere zu Ersparnissen führen (z. B. den Krankenkassen).

Für die konkrete Maßnahme lässt sich ableiten, dass die Bedeutung der sozialen Unterstützung, die die Teilnehmer untereinander (aber auch im Verhältnis zu Vorgesetzten, Freunden und Familie) erleben, ausbaufähig ist und auch denjenigen zugute kommen sollte, die sie eher benötigen: diejenigen mit eher niedrigeren anfänglichen Werten im Wohlbefinden. Die Qualität der Arbeit der AGH stellt ein zentrales Element der Stabilisierung der Gesundheit dar und sollte sorgfältig beachtet werden (vgl. auch das Kapitel von Mühlpfordt & Richter in diesem Band).

Zu überprüfen wäre, ob die Maßnahme nur bei einer Positivauswahl von Langzeitarbeitslosen eine Stabilisierung psychischer Ressourcen bzw. der Depressivität und eine Verbesserung des Wohlbefindens leisten kann oder ob das auch für Langzeitarbeitslose mit weniger günstigen Voraussetzungen gilt. Für diese wäre durch eine Maßnahme nicht nur eine Stabilisierung, sondern eine Verbesserung der beruflichen Selbstwirksamkeit, der Initiative und eine Reduzierung depressiver Symptome wichtig. Außerdem wäre es erforderlich, umfassendere individuelle Begleitung und Hilfe zur Bewältigung der Aufgaben in einer AGH mit MAE mit bereitzustellen bis hin zu begleitenden individuellen therapeutischen Angeboten, wenn der Bedarf vorhanden ist. Dies sollte vor allem zu Beginn geschehen, damit auch ängstliche und Selbstwert-geminderte Personen die neuen Aufgaben bewältigen (können). Eine erhebliche Kosteneinsparung ergäbe sich, wenn man im Falle eintretender Erwerbslosigkeit nicht erst wartet, bis Personen in den SGB II Bereich wechseln müssen: Je länger eine psychische Beeinträchtigung andauert, je mehr sie chronifiziert ist, desto schwerer wird sie zu behandeln sein. Frühzeitige Intervention spart also hier Kosten – wie überall sonst auch.

Literatur

Arnold, U. (2010). Evaluation des Projektes Aktiv-Office – Eine Folgeuntersuchung. Unveröffentlichte Diplomarbeit, Universität Leipzig.

BBK (2009). Gesundheit in Zeiten der Krise. Essen: Bundesverband der Betriebskrankenkassen.

Binnewies, C., Ohly, S. & Sonnentag, S. (2007). Taking personal initiative and communicating about ideas: What is important for the creative process and for idea creativity? European Journal of Work and Organizational Psychology, 16 (4), 432-455.

Bledow, R. & Frese, M. (2009). A situational judgment test of personal initiative: Towards understanding construct based situational judgment tests. Personnel Psychology, 62, 229-258.

Boss, A., Christensen, B. & Schrader, K. (2005). Anreizprobleme bei Hartz IV: Lieber ALG II statt Arbeit? Kieler Diskussionsbeiträge, 421.

Brähler, E., Mühlan, H., Albani, C. & Schmidt, S. (2007). Teststatistische Prüfung und Normierung der deutschen Version des EUROHIS-QOL Lebensqualität-Index und des WHO_5 Wohlbefindens-Index. Diagnostica, 53 (2), 83-96.

Diener, D. & Emmons, R. A. (1984). The independence of positive and negative affects. Journal of Personality and Social Psychology, 47 (4), 1105-1117.

Dormann, C. & Zapf, D. (1999). Social support, social stressors at work, and depressive symptoms. Testing for main and moderating effects with structural equations in a three-wave longitudinal study. Journal of Applied Psychology, 84 (6), 874-884.

Frese, M. (1999). Social support as a moderator of the relationship between work stressors and psychological dysfunctioning. A longitudinal study with objective measures. Journal of Occupational Health Psychology, 4 (3), 179-192.

Frese, M. & Mohr, G. (1987). Prolonged unemployment and depression in older workers: A longitudinal study of intervening variables. Social Science and Medicine, 25, 173-178.

Frese, M., Garman, G., Garmeister, K., Halemba, K., Hortig, A., Pulwitt, T. & Schildbach, S. (2002). Training zur Erhöhung der Eigeninitiative bei Arbeitslosen: Bericht über einen Pilotversuch. Zeitschrift für Arbeits- und Organisationspsychologie, 46 (2), 89-97.

Frese, M., Kring, W., Soose, A. & Zempel, J. (1996). Personal initiative at work: Differences between East and West Germany. Academy of Management Journal, 39 (1), 37-63.

Kieselbach, T., Klink, F., Scharf, G. & Schulz, S. (1998). Ich wäre sonst ja nie wieder an Arbeit rangekommen! Evaluation einer Reintegrationsmaßnahme für Langzeiterwerbslose. Psychologie sozialer Ungleichheit. Weinheim: Deutscher Studienverlag.

Krocker, N. (2010). Abschlussberichte der Maßnahmen, 3540/06ff. Unveröffentlichter Bericht. LAB – Leipziger Aus- und Weiterbildungsbetriebe GmbH.

Lazarus, R. S. (1984). Puzzles in the study of daily hassles. Journal of Behavioral Medicine. 7, 375-389.

Mohr, G. & Otto, K. (2005). Langzeiterwerbslosigkeit: Welche Interventionen machen aus psychologischer Sicht Sinn? Zeitschrift für Psychotraumatologie und Psychologische Medizin, 4, 45-63.

Mohr, G. (2010). Erwerbslosigkeit. In U. Kleinbeck & K.-H. Schmidt (Hrsg), Enzyklopädie der Psychologie, Band Arbeitspsychologie (S. 325-370). Göttingen: Hogrefe.

Price, R., van Ryan, M. & Vinokur, A. (1992). Impact of preventive job search intervention on the likelihood of depression among the unemployed. Journal of Health and Social Behavior, 33, 158-167.

Mohr, G. & Müller, A. (2006). Depressivität im nicht-klinischen Kontext. In A. Glöckner-Rist (Hrsg.). ZUMA-Informationssystem. Elektronisches Handbuch sozialwissenschaftlicher Erhebungsinstrumente. ZIS Version 10.00. Mannheim: Zentrum für Umfragen, Methoden und Analysen.

Richter, F. & Wardanjan, B. (2000). Die Lernhaltigkeit der Arbeitsaufgabe. Entwicklung und Erprobung eines Fragebogens zu lernrelevanten Merkmalen der Arbeitsaufgabe (FLMA). Zeitschrift für Arbeitswissenschaft, 54, 175-183.

Rimann, M. & Udris, I. (1993). Belastungen und Gesundheitsressourcen im Berufs- und Privatbereich. Eine quantitative Studie. Forschungsbericht des Projektes SALUTE: personale und organisationale Ressourcen der Salutogenese. Eidgenössische Technische Hochschule Zürich, Schweiz.

Schyns, B. & von Collani, G. (2002). A new occupational self-efficacy scale and its relation to personality constructs and organizational variables. European Journal of Work and Organizational Psychology, 11 (2), 219-241.

Semmer, N. K. & Mohr, G. (2001). Arbeit und Gesundheit: Konzepte und Ergebnisse der arbeitspsychologischen Stressforschung. Psychologische Rundschau, 52, 150-158.

Steinhorst, K. (2007). Evaluation des Projekts Aktiv-Office. Unveröffentlichte Diplomarbeit, Universität Leipzig.

Vuori, J. & Silvonen, J. (2005). The benefits of a preventive job search program on re-employment and mental health at two-year follow up. Journal of Occupational and Organizational Psychology, 78, 43-52.

Gesundheitsförderung durch Vermittlungscoaching: Bridges – Ein theoriegeleitetes Interventionsprogramm zur Förderung der Beschäftigungsfähigkeit Arbeitsloser

Matthias Schmidt

Zusammenfassung

Das Programm „Bridges – Brücken in Arbeit" setzte Trainingsmodule für junge Arbeitslose ein, die ihnen Gelegenheit zum Lernen im Prozess der Arbeit boten. Eine besondere Bedeutung kam dabei dem individuellen Coaching durch Senior-Coaches zu. Diese erarbeiteten gemeinsam mit den Programmteilnehmern deren individuelle Qualifikations- und Entwicklungsziele. Die Coaches agierten als persönliche Betreuer im gesamten Programmzeitraum. Die wissenschaftliche Begleitung von 40 Bridgesteilnehmern über 18 Monate nach Programmbeginn konnte im Vergleich zu Teilnehmern an Ein-Euro-Jobs sowie Arbeitslosen ohne Programm bedeutsame Verbesserungen der psychischen Gesundheit, vor allem eine Senkung der Depressivität, nachweisen. Insgesamt nahmen 484 jugendliche Arbeitslose am Programm teil. Die Integrationsquote in Arbeitsverhältnisse oder Ausbildung lag bei 56.2%.

1.   Ziele und Inhalt

Der Forschungsschwerpunkt zum Thema „Arbeitslosigkeit und Gesundheit" liegt nach wie vor auf der Analyse von Problemen Betroffener und nicht auf der Gestaltung sinnvoller Programme. Erfreulicherweise wurden in letzter Zeit mehrere Erfolg versprechende Interventionsansätze zur Verbesserung der psychischen Gesundheit entwickelt und in der Praxis evaluiert. Eines dieser erfolgreichen Projekte, „Bridges – Brücken in Arbeit", soll im Folgenden vorgestellt werden.

Ausgangspunkt des Projektes war die Analyse der Bedürfnisse junger Erwerbsloser. Um deren Dequalifizierung zu minimieren, die in längeren Phasen der Arbeitslosigkeit eintritt und mit einer erheblichen Beeinträchtigung des Selbstwertgefühls und des Vertrauens in die eigene Gestaltungskraft des Lebens einhergeht, sollten deren Fähigkeiten nicht nur im Training, sondern auch im Arbeitsprozess reaktiviert werden.

Als besonders problematisch anzusehen sind bei jugendlichen Arbeitslosen häufig ein geringes Bildungsniveau, Defizite hinsichtlich sozialer Kompetenzen, die meist aus ungünstigen Sozialisationsbedingungen resultieren, und nicht selten gesundheitsriskantes Verhalten. Hinzu kommt, dass die „entwicklungsfördernden Funktionen der Arbeit" (Beelmann, 2003, S. 22), wie die Zeitstrukturierung oder soziale Kontaktmöglichkeiten, fehlen. Wenn solche Erfahrungen schon im frühen Erwachsenenalter gemacht werden, kann das laut Befunden von Schober (1985, nach Baethge et al., 1989, S. 51) zu einer langfristigen Negativkarriere eines hochgradig labilen Erwerbslebens führen. Es fehlen noch immer effektive und gleichzeitig praktikable Interventionsprogramme zur Unterstützung von jungen Arbeitslosen. Die Bandbreite der bisherigen Maßnahmen reicht zwar vom herkömmlichen Bewerbungstraining bis zum Verhaltenstraining für gesunde Ernährung, aber die Verzahnung von Prävention und Gesundheitsförderung mit Maßnahmen der Arbeitsförderung fehlte bislang. Deshalb wurden im Programm „Bridges – Brücken in Arbeit" Strategien entwickelt, mit denen die spezifischen Probleme junger Arbeitsloser aktiv bewältigt werden können. Das Ziel war jedoch nicht ausschließlich die Bearbeitung des gesellschaftlichen Problems der Arbeitslosigkeit, sondern auch die Bearbeitung der personenbezogenen individuellen Probleme der Betroffenen. Es wurde eine Strategie entwickelt, verschiedene Maßnahmen zur Entwicklung von Beschäftigungsfähigkeit miteinander zu verbinden. Das Angebot sollte niederschwellig sein und an der Lebenswirklichkeit der Betroffen ansetzen (Setting-Ansatz). Es werden sowohl berufliche Qualifikation als auch die Entwicklung persönlicher Kompetenzen zur eigenständigen Lebensgestaltung (Empowerment) integriert. Um auch die Sinnhaftigkeit des Programms für die Teilnehmer erlebbar zu machen, wurde neben den genannten Interventionsansätzen auch eine direkte Integration in den Arbeitsmarkt erreicht. Diese Vernetzung von Arbeitsförderungsmaßnahmen und Interventionen hat es in einer solchen Form in der Bundesrepublik Deutschland noch nicht gegeben und stellt demnach eine „soziale Innovation" dar (Brand Eins, 2007, S. 57).

Ziel des Programms „Bridges – Brücken in Arbeit" war es, für junge Arbeitslose Trainingsmodule zu entwickeln, die den Teilnehmern Gelegenheiten zum Lernen im Prozess der Arbeit unter intensiver Betreuung durch Senior-Coaches ermöglichen. Dabei sollte die Entwicklung von Motivation, Selbstwirksamkeitserwartung, die Überzeugung, das eigene Leben kontrollieren zu können sowie Unterstützung zu selbst organisiertem Lernen implementiert werden (Schmidt, 2010). Im Mittelpunkt des Programms „Bridges – Brücken in Arbeit" stand die Entwicklung von Zielen als Bedingung zur Entwicklung von Handlungskontrolle bei den jungen Arbeitslosen. Des Weiteren sollten Trainings sowie Möglichkeiten zum Lernen im Prozess der Arbeit und das individuelle Coaching helfen, die Beschäftigungsfähigkeit der Teilnehmer zu entwickeln. „Bridges" ist ein Projekt zur Förderung junger Arbeitsloser durch Coaching, Ausbildung und Arbeit (Schmidt, 2010). Es wurde im Landkreis Görlitz und dem ehemaligen Niederschlesischen Oberlausitzkreis entwickelt und umgesetzt.

Die Interventionsschwerpunkte des Programms lagen auf:
1. der individuellen Betreuung der Teilnehmer durch
2. „Senior-Coaches" und der Zielklärung,
3. maßgeschneiderten Trainingsmodulen nach individuellem Bedarf,
4. dem Lernen im Prozess der Arbeit im Rahmen von Projekten und beruflicher Qualifikation sowie
5. der direkten unmittelbaren Betreuung bei der Arbeitssuche, einem Arbeitgeberservice
   und
6. einer Nachbetreuung der integrierten ehemaligen Arbeitslosen.

Dabei stand die Entwicklung der Selbstbildungsfähigkeit und selbstständigen Handlungsregulation im Vordergrund. Das Programm „Bridges" kombiniert Maßnahmen folgender Kategorien: (1) ausbildungsorientierte Maßnahmen mit dem Ziel der Qualifikation, (2) arbeitsmarktorientierte Maßnahmen, die Unterstützung von Arbeitslosen, aber auch von Wiedereinsteigern in Arbeit umfassen und (3) aktivierende Maßnahmen, welche

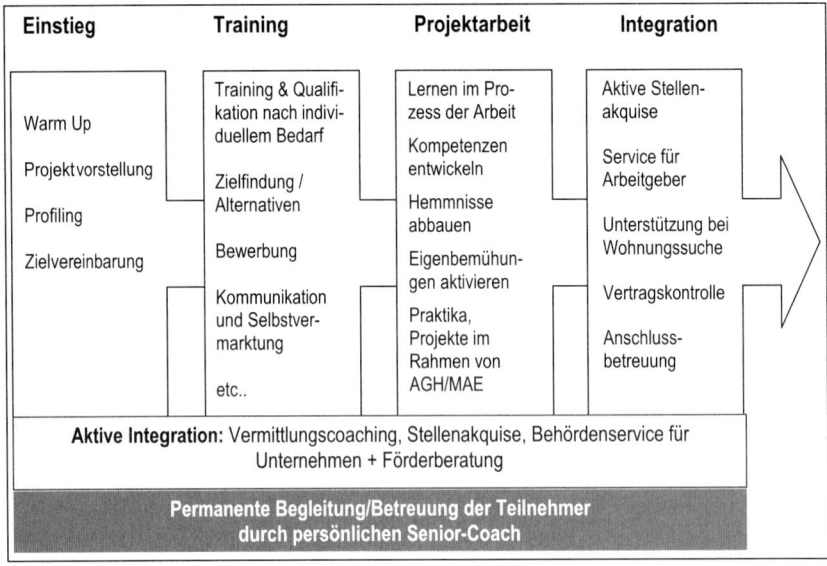

Abb. 1: „Programm Bridges" in den vier Phasen mit einer dauerhaften individuellen Betreuung durch Senior-Coaches (Schmidt, 2010)

eine intensivere Betreuung beinhalten (Behle, 2007). Beratung, Coaching, Training, Kompetenzentwicklung innerhalb vollständiger Handlungen durch Projektarbeit und Vermittlung, wurden in einem neuen theoriegeleiteten Programm vernetzt. Es wurde besonders an der Steigerung von Selbstwirksamkeitserwartung und internaler Kontrollüberzeugung sowie Leistungsmotivation gezielt gearbeitet. Dabei wurden Ziele, Probleme, Bedürfnisse und auch Kompetenzen der Teilnehmer berücksichtigt. Daraus ergaben sich auch der Betreuungsaufwand, die individuellen Freiheitsgrade innerhalb der Maßnahme und auch mögliche Vermittlungsstrategien. Es mussten nicht alle Phasen des Programms durchlaufen werden, wenn sich im Coaching z.B. wenig Qualifikationsbedarf, dafür eher Unterstützung im Bewerbungsprozess herausstellen sollte.

Zur Darstellung des Programms wird im Folgenden die Rolle der Coaches erläutert, da diese alle Phasen des Programms begleiteten.

2. Coaching im Programm

Dem individuellen Coaching durch „Senior-Coaches" kam bei „Bridges" eine besondere Bedeutung zu, da alle weiteren Interventionen durch den Coach begleitet und die Qualifikations- und Interventionsziele mit dem Programmteilnehmer gemeinsam erarbeitet wurden. Der Coach agierte als persönlicher Betreuer, mit dem alle vier Phasen geplant und durchgeführt wurden. Diesen Part übernahmen im Projekt acht ehemalige Langzeitarbeitslose im Alter von 43-58 Jahren. Die Senior-Coaches durchliefen im Februar und März 2006 ein fünfwöchiges Vorbereitungstraining. Danach arbeiteten sie bis Projektende in einer sozialversicherungspflichtigen Beschäftigung (finanziert über AGH/Entgelt) mit den jungen Arbeitslosen zusammen. Die Coaches kamen aus den unterschiedlichsten Branchen – vom Koch über den Polier bis zur ehemaligen Unternehmerin. Durch ihre eigenen Erfahrungen mit der Arbeitslosigkeit konnten sie den jungen Erwerbslosen als authentische Gesprächspartner gegenübertreten. Sie übernahmen mit ihrer Lebenserfahrung, ihrem Fachwissen und den persönlichen Kontakten eine zentrale Rolle im Programm.

Anhand des zu Beginn mittels Fragebogen erstellten Kurzprofils war es möglich, die Teilnehmer dem für die Zielbranche entsprechenden Coach zuzuordnen, welcher dann den Abschluss des Teilnehmervertrages übernahm und in einem Zweitgespräch mit Hilfe eines standardisierten Fragebogens ein ausführliches Profil erstellte.

Während der Einarbeitungsphase gehörten tägliche Meetings zum Programm, bei denen die Coaches die Gelegenheit hatten, über aktuelle Geschehnisse zu berichten. Zusätzlich standen in den ersten sechs Monaten regelmäßige Strategieberatungen auf dem Programm, bei denen im Einzelgespräch mit der Programmleitung Strategien für die einzelnen Teilnehmer erarbeitet worden sind. Aus dieser „Lernphase" entwickelte sich eine sehr eigenständige Arbeitsweise der Senior-Coaches, die durch regelmäßige Meetings und Phasen der Reflektion und Supervision ergänzt und gesteuert wurde. Jeder Coach betreute im Durchschnitt etwa 12 junge Arbeitslose und fungierte dabei als fester Ansprechpartner. Zu den Aufgaben der Coaches gehörte im Einzelnen:

– Unterstützung der Regie-Agentur bei der Integration von jungen Arbeitslosen in Arbeit/Ausbildung,

- regelmäßige persönliche Gespräche mit den jungen Arbeitslosen (Kontrolle der vereinbarten Ziele, neuen Aufgabenstellungen, Motivation),
- Betreuung der jungen Arbeitslosen in Maßnahmen (Qualifizierung, Arbeitsgelegenheiten etc.),
- Beratung der jungen Arbeitslosen bei Problemen und gegebenenfalls Herstellung von Kontakten zu professionellen Hilfseinrichtungen (Suchtberatung, Schuldnerberatung etc.),
- Akquisetätigkeit bei regionalen Unternehmen (Ausbildungs- und Arbeitsplätze),
- Unterstützung regionaler Unternehmen bei der Inanspruchnahme von Förderleistungen durch die Arbeitsverwaltung,
- Dokumentationsarbeiten in einer Datenbank,
- Kontaktpflege mit den zuständigen Vermittlern/Fallmanagern der Arbeitsverwaltung,
- regelmäßiger Austausch im Team der Senior-Coaches und im Rahmen der Regie-Agenturen.

Der Einsatz von ehemaligen Langzeitarbeitslosen zur Betreuung und Begleitung der programmbeteiligten jungen Arbeitslosen als Trainer und Betreuer wurde bereits in anderen europäischen Ländern erfolgreich getestet (Vuori, 2005). Dabei ist die Tatsache, dass ältere Menschen über ein größeres implizites Wissen aufgrund ihrer Lebenserfahrung verfügen, ein großer Vorteil. Bei der Auswahl der Senior-Coaches wurde berücksichtigt, dass deren Aufgaben viel pädagogisches Geschick erfordern. Außerdem wurden sie umfassend vorbereitet, indem sie beispielsweise zusätzlich in verschiedenen Gesprächstechniken geschult worden sind.

Während der Tätigkeit entwickelten sich die „Senior-Coaches" zu wichtigen Beratern für die jungen Arbeitslosen. Diese Rolle konnte von Eltern und Arbeitsämtern oft nur unzureichend eingenommen werden, weil die Ressourcen dazu fehlten.

Ziele und Strategien wurden permanent in einer partnerschaftlichen Atmosphäre besprochen. Es wurden gemeinsam eindeutige Regeln festgelegt, die insbesondere die aktive Mitarbeit der Teilnehmer verlangten.

Auch nach erfolgreichen Integrationen begleiteten die Senior-Coaches die jungen Erwachsenen in der Übergangszeit, um Startschwierigkeiten zu meistern, und standen auch den Unternehmen als Ansprechpartner zur Verfügung. Die Palette der Dienstleistungen reichte dabei von der gezielten Stellen-Akquise für Programmteilnehmer über die Organisation und Begleitung von Probearbeit bis hin zu Förderberatung. Durch einen arbeitsbezogenen Beratungsansatz wurden die jungen Arbeitslosen nicht als inkompetentes, defizitäres und ratsuchendes Individuum behandelt, sondern ihnen wurde in einer partnerschaftlichen, wertschätzenden und unterstützenden Weise begegnet. Der junge Erwerbslose sollte durch diese partnerschaftliche Rollengestaltung zu eigener Beteiligung und Aktivität motiviert werden. Wichtig war dabei die Orientierung an einer gemeinsamen, für beide Seiten zufrieden stellenden Lösung: „jenseits perfekter Lösungen allerdings auf dem Weg zu einem gelingenden Alltag" (Nestmann & Engel, 1998, S. 73). Auch selbstgesteuerte Bewältigungsstrategien wurden in die Einzelberatung einbezogen, da es in der Arbeitswelt zunehmend weniger dauerhafte und sichere Arbeitsplätze geben wird.

Das individuelle Coaching hatte folgende Aspekte im Fokus:
– Zum einen Ziel- und Werteklärung in Bezug auf die berufliche Entwicklung und auf die Lebenssituation (lebensweltliche Perspektive).
– Zum anderen sollte ein ressourcenorientiertes Vorgehen bei der Erhebung von Fähigkeiten, Interessen und Fertigkeiten alle Lebensbereiche des Betroffenen einbeziehen (z.B. Hobbys etc. – überall, wo Kompetenzen vorhanden sind).

Nach einer individuellen Bedarfserhebung bei den jungen Arbeitslosen konnten sie verschiedene Trainings modular auswählen und besuchen. Jeder Strategiewechsel erforderte eine Änderung der Ziele, die in der Zielvereinbarung entsprechend angepasst wurden. Im Rahmen der Zusammenarbeit zwischen Teilnehmer und Senior-Coach wurden neben den Stärken auch alle Hemmnisse bearbeitet, die einer erfolgreichen Integration in Arbeit im Wege standen. Probleme, die einer professionellen Hilfe bedurften, wurden an entsprechende Fachleute vermittelt (Schuldner- oder Drogenberatung u.Ä.). Auch im Prozess der Zielverfolgung, beispielsweise während der Weiterbildung oder Bewerbung, standen die Senior-Coaches den jungen Erwachsenen zur Seite. Persönliche Kontakte der Senior-Coaches und die direkte Kontaktaufnahme zu Unternehmen ermöglichten den jungen Arbeitslosen einen Zugang in die Wirtschaft.

3. Organisatorische Rahmenbedingungen und Ablauf

Im Zeitraum vom 15.12.2005 bis 14.12.2007 wurde die Zielvorgabe gestellt, 100 junge Arbeitslose (U25 nach SGB II) in Görlitz und dem Niederschlesischen Oberlausitzkreis in Ausbildung und Arbeit zu integrieren[1]. Die zugewiesenen Teilnehmer absolvierten ein vorgeschaltetes Training, bei dem sowohl die Fähigkeiten und Fertigkeiten bilanziert als auch Grundkompetenzen im Bereich Selbstvermarktung vermittelt wurden. Stellvertretend für viele Regionen in Deutschland, die auf Grund ihrer Lage und Struktur einen mittleren bis hohen Anteil an jungen Arbeitslosen aufweisen, wurde als Modellregion Ostsachsen ausgewählt. Im September 2005, im Jahr der Programmentwicklung, lag die Arbeitslosenquote im Bereich der Arbeitsagentur Bautzen bei 18.4%. Die Anzahl an jungen Arbeitslosen unter 25 Jahren im SGB-II-Bereich betrug 565 (Görlitz) und 567 Personen (NOL). Die Situation in Ostsachsen lässt sich für den Zeitraum 2005 und 2006 wie folgt zusammenfassen:

– 1132 junge Arbeitslose (September 2005) in den ARGEn Görlitz und Niederschlesischer Oberlausitzkreis,
– persönliche und fachliche Defizite der Betroffenen sowie fehlende Berufserfahrung (hoher Mangel an Beschäftigungsfähigkeit),
– häufig mangelnde Motivation durch schlechte Entwicklungsperspektive,
– mangelnde Vernetzung der Arbeitsmarktinstrumente für den individuellen Fall,
– fehlende Arbeitsplätze.

Die Trägerschaft für die Umsetzung des Modellvorhabens übernahm der Lausitz Matrix e.V. Das innovative Programm „Bridges" bestand ausschließlich aus bereits vorhandenen und rechtssicheren Instrumenten des SGB II und SGB III. Es wurden nur die gesetzlichen Regelungen in ihrer praktischen Umsetzung nach den dargestellten theoriegeleiteten Gestaltungsempfehlungen kombiniert und umgesetzt. Die Teilnehmer wurden im Rahmen einer AGH/MAE durch die Argen dem innovativen Programm „Bridges" zugewiesen. Dabei wurden über den Programmzeitraum

---

[1] Mit 100 Integrationen war die Wirtschaftlichkeit des Projektes sichergestellt.

konstant jeweils 40 AGH-Plätze für Görlitz und 40 für den Landkreis Görlitz besetzt. Bei Austritt durch Integration, Einmündung in sonstige Maßnahmen oder durch die Beendigung des Programms aus sonstigen Gründen (Krankheit, Schwangerschaft, kein ALG-II-Bezug, fehlende Mitwirkung, …) wurde der entsprechende Platz zeitnah neu besetzt. Dazu standen im NOL und in Görlitz jeweils zehn Plätze für ein „Nachrückverfahren" zur Verfügung, um das zügige Nachbesetzen abzusichern. Die reibungslose Organisation wurde durch feste Ansprechpartner beim Grundsicherungsträger (SGB II) sichergestellt.

Folgende Module, die aus regulären Förderungsinstrumenten des SGB II bestehen, wurden regelmäßig angeboten:

– individuelle Lebensläufe mit MS WORD,
– Kommunikationstraining,
– spezifische Schulungen (berufsbezogene Qualifikationen),
– Workshop „Grundlagen der Kommunikation im Bewerbungsprozess",
– Workshop „Zielfindung und Stärken erkennen",
– „Meine Zukunftspläne" (Leistungsmotivationstraining),
– Informationsveranstaltungen zu aktuellen Entwicklungen auf dem Arbeitsmarkt, Besonderheiten bei der Zusammenarbeit mit privaten Personalvermittlern und Zeitarbeitsfirmen.

In einem achtwöchigen Trainingsblock wurden unter anderem individuelle Stärken der Teilnehmer herausgearbeitet und qualifizierende Kurse gezielt eingesetzt, um Berufskompetenzen aufzubauen. Im Anschluss nahmen die Teilnehmer des Programms über sechs bis zwölf Monate an einer Arbeitsgelegenheit mit Mehraufwandsentschädigung teil.

4. Evaluation

Das Programm wurde umfangreich wissenschaftlich evaluiert (Schmidt, 2010). Dabei wurde die Wirksamkeit dieses Programms mit der von Ein-Euro-Jobs verglichen. Zur Kontrolle wurde ebenfalls eine Gruppe, die an keinem Programm teilnahm, einbezogen. Als Indikator für einen gelungen Transfer des Programms „Bridges" wurde die Verbesserung der seelischen Gesundheit genutzt. Diese ist nicht das vordergründige Ziel des Programms „Bridges", dennoch stellt Gesundheit einen Teil der Beschäftigungsfähigkeit dar. Eine der wesentlichen Untersuchungsfragen lautete entsprechend: *Gelingt den Teilnehmern am Bridges-Programm eine Verbesserung ihrer seelischen Gesundheit?*

Es wurden standardisierte Erhebungsinstrumente zur Erfassung von seelischer Gesundheit und Depressionssymptomen verwendet. Für die Beschreibung der seelischen Gesundheit der Teilnehmer wurde der „General Health Questionnaire" (GHQ-12) in der deutschen Version eingesetzt, der Symptome seelischer Belastung erfragt (Nitsche & Richter, 2003).

Da bei Arbeitslosen häufig Depressionssymptome festzustellen sind, wurden diese mit Hilfe der deutschen Kurzform des Beck-Depressions-Inventars (Schmitt & Maes, 2000) erfasst.

Um eine Vergleichbarkeit zu gewährleisten, wurde die Datenerhebung in den einzelnen Untersuchungsgruppen synchronisiert. Der erste Messzeitpunkt (T1) bei den zwei untersuchten Programmen lag ca. drei Wochen nach Beginn des jeweiligen Programms. Fritsch und Kellermann (1998) haben gezeigt, dass der Übergang von der „reinen" Arbeitslosigkeit in die berufliche Weiterbildung für die Teilnehmer eine große Umstellung bedeutet. Dies geht mit einem erhöhten Belastungserleben einher (Vuori & Vesalainen, 1999). Erst nach dieser Umstellungsphase wurde die erste Datenerhebung vorgenommen. Der zweite Messzeitpunkt (T2) lag sechs Monate nach dem ersten und der dritte Messzeitpunkt (T3) weitere 12 Monate nach dem zweiten Messzeitpunkt.

In der Gruppe ohne Intervention fanden die Erhebungen zu vergleichbaren Zeitpunkten statt. Durch ein Interventions-Kontrollgruppendesign werden Störvariablen, wie z.B. geänderte Bedingungen am Arbeitsmarkt, kontrolliert (Bortz & Döring, 2006, S. 531). Das Design ermöglicht es, Wirkungen des Programms „Bridges" sowie von Ein-Euro-Jobs festzustellen und, falls sie existieren, das Ausmaß dieser Wirkungen zu vergleichen. Die Akquise der Untersuchungsteilnehmer für das Programm „Bridges – Brücken in Arbeit" erfolgte direkt beim Programmträger Lausitz Matrix e.V., der das Programm implementiert hat. Die relativ gute Teilnahmequote (T2 = 72.4% und T3 = 37.1%) an den Wiederholungsmessungen wurde durch einen sehr hohen organisatorischen Aufwand in Form von Einzelbesuchen, persönlichen Telefonaten mit den Untersuchungsteilnehmern und einer mehrfachen Versendung von Fragebögen realisiert. Die soziodemographischen Merkmale der Untersuchungsgruppen können Tabelle 1 entnommen werden.

Tab. 1: Soziodemographische Merkmale aller Untersuchungsgruppen zum dritten Messzeitpunkt (18 Monate nach Erstmessung)

Arbeitslos nach SGB II / unter 25 Jahre alt zum dritten Messpunkt nach 18 Monaten (Follow-up)			
Gruppe Variable	Bridges	Ein-Euro-Job	Arbeitslose ohne Programm
Anzahl n	40	32	35
Alter (Jahre)	22.13 (± 1.93)	21.37 (± 1.97)	22.03 (± 1.48)
Geschlecht männlich/weiblich	16/24	15/17	17/18
Schulbildung weniger als 8 Klassen 8 Klassen/Hauptschule 10 Klassen/Realschule Abitur	1 (2.5%) 13 (32.5%) 23 (57.5%) 1 (2.5%)	2 (6.3%) 14 (43.8%) 12 (37.5%) 4 (12.5%)	2 (5.7%) 13 (37.1%) 18 (51.4%) 2 (5.7%)
Qualifikation ohne Beruf Fachkraft Facharbeiter	4 (10.0%) 12 (30.0%) 24 (60.0%)	6 (18.8%) 11 (34.5%) 15 (46.7%)	4 (11.5%) 10 (28.5%) 21 (60.0%)

Eine Untersuchung der Personen, die eine Befragung abgelehnt haben, ergab, dass sie sich hinsichtlich soziodemographischer Merkmale nicht von den Untersuchungsteilnehmern unterschieden haben. Die Bereitschaft zur Teilnahme wurde in einem Vorgespräch geklärt und das Einverständnis wurde gegen Unterschrift bestätigt.

5. Die wichtigsten Ergebnisse zur Veränderung der seelischen Gesundheit

Die Mittelwerte für die erlebte seelische Gesundheit (Tabelle 2) lagen zum ersten Messzeitpunkt bei einigen Gruppen im kritischen Bereich, bei einem Skalenwert von 12 und höher (Schmitz, Kruse & Tress, 1999, S. 464). Bei den Depressionssymptomen lagen die Mittelwerte unterhalb des von Schmitt, Altstötter-Gleich, Hinz, Maes und Brähler (2006) veröffentlich-

Tab. 2: Die gesundheitliche Entwicklung der Teilnehmer im Programm „Bridges", in Ein-Euro-Jobs und ohne Maßnahme

Gruppe Variable		Mittelwerte/Standardabweichung		
		TN-Bridges	TN-Ein-Euro-Job	TN-ohne Maßnahme
Seelische Gesundheit	T1	12.31 / 6.33	11.20 / 6.97	11.45 / 7.66
	T2	10.15 / 5.61	11.96 / 6.27	12.91 / 7.14
	T3	10.71 / 6.53	13.75 / 5.94	11.95 / 7.06
GHQ12 Symptome Grenzwert kritischer Bereich >= 11				
Depressions-symptome	T1	30.05 / 15.80	27.71 / 17.22	26.55 / 18.65
	T2	23.94 / 15.52	26.25 / 14.31	27.16 / 21.17
	T3	26.02 / 18.66	29.22 / 14.51	30.19 / 20.59
BDI-V Symptome Grenzwert für klinisch relevante Ausprägungen von Depressionssymptomen >= 36				

ten Grenzwertes von 36 des BDI-V. Die Beschwerden haben sich bei den Bridges-Teilnehmern zum zweiten und dritten Messzeitpunkt verringert. Beim Erleben „seelischer Gesundheit" erreichten sie im Durchschnitt ebenfalls eine Unterschreitung des von Schmitz et al. (1999) angegebenen kritischen Wertes.

Für die Teilnehmer am Programm „Bridges" zeigt sich eine deutlichere Verbesserung ihrer seelischen Gesundheit als für die Teilnehmer am Programm „Ein-Euro-Job" zwischen erstem und zweitem Messzeitpunkt. Für die statistische Prüfung gingen beide Parameter (GHQ und BDI-V) gemeinsam in die Berechnung ein. Der Interventionseffekt, das heißt die Verbesserung im Bridgesprogramm gegenüber der Kontrollgruppe zwischen Vor- und Nachmessung, ist signifikant (F= 3.913; p= .022). Die Effektstärke (η^2) liegt bei .052, was einem kleinen Effekt entspricht.

Werden die Teilnehmer am Programm „Bridges" mit Teilnehmern ohne Programm verglichen, können ebenfalls deutliche Verbesserungen ihrer seelischen Gesundheit (F= 9.103, p= .001) festgestellt werden. Mit einer Effektstärke von η^2= .120 wird sogar ein mittlerer Interventionseffekt erreicht.

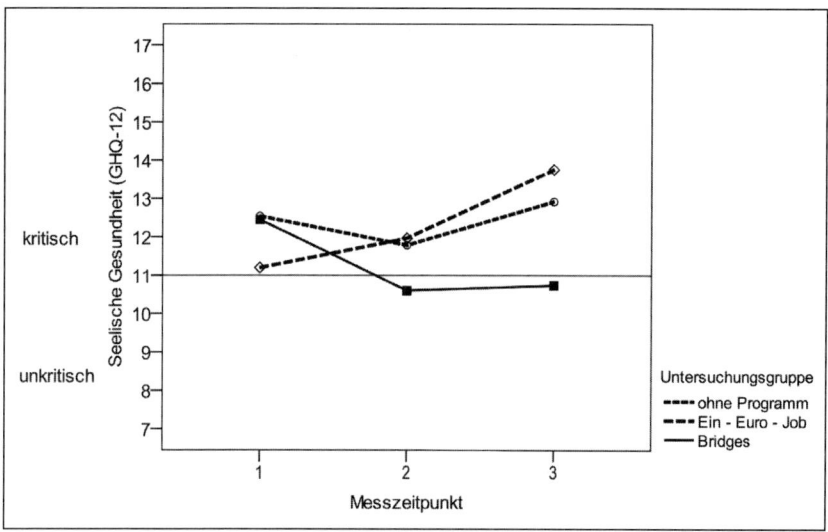

Abb. 2: Ausprägung der Werte für die seelische Gesundheit (GHQ-12) der untersuchten Gruppen "Bridges", "Ein-Euro-Job" und ohne Programm zu allen drei Messzeitpunkten (Die horizontale Linie markiert den Grenzwert von 11 für die Trennung in kritischen und unkritischen Bereich.)

In Abbildung 2 werden die Ausprägungen der kritischen Werte über dem Grenzwert von 11 und darunter für die seelische Gesundheit (GHQ-12) in den untersuchten Gruppen „Bridges", „Ein-Euro-Job" und ohne Programm zu allen drei Messzeitpunkten dargestellt. Die Abbildung 3 zeigt die Ausprägungen der Werte für Depressionssymptome der Untersuchungsteilnehmer aus den Programmen „Bridges", „Ein-Euro-Job" und ohne Programm zu allen drei Messzeitpunkten.

Jungen Arbeitslosen, die am Programm „Bridges" teilnehmen, gelingt es ihre seelische Gesundheit zu verbessern. Diese Tatsache stellt einen bedeutenden Befund dar, denn die seelische Gesundheit ist eine wichtige Komponente der Beschäftigungsfähigkeit.

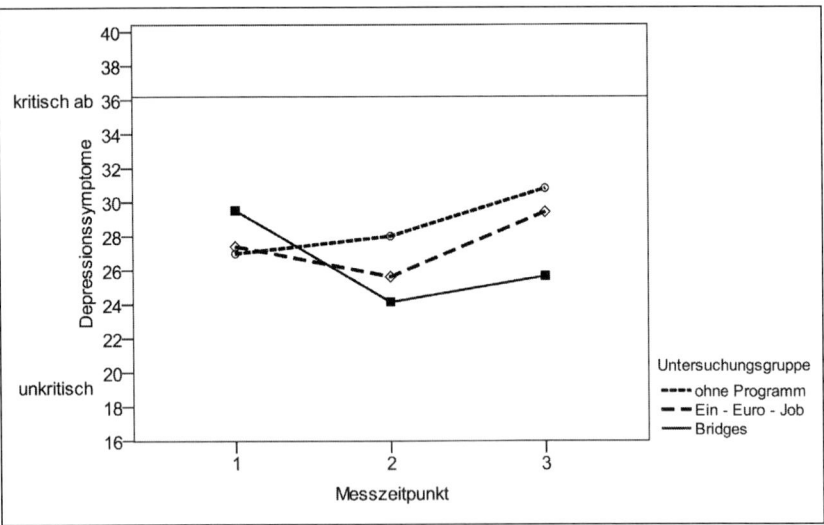

Abb. 3: Ausprägung der Werte für Depressionssymptome (BDI-V) der unter-suchten Gruppen "Bridges", "Ein-Euro-Job" und der Untersuchungsteilnehmer ohne Programm zu allen drei Messzeitpunkten (Die horizontale Linie markiert den Grenzwert von 36, ab dem klinisch relevante Ausprägungen von Depressi-onssymptomen vorliegen.)

6. Gesamtbilanz des Programms „Bridges"

Insgesamt nahmen vom 01.02.2006 bis 14.12.2007 484 junge Arbeitslose am Programm teil. Dabei gab es ein fast ausgewogenes Verhältnis zwischen männlichen (51%) und weiblichen (49%) Programmteilnehmern. 83% der Teilnehmer im Programm Bridges haben einen Berufsabschluss. Die Teilnehmer besitzen zum größten Teil einen Haupt- oder Realschulab-schluss.

Um den Gesamterfolg eines Programms bilanzieren zu können, muss die Frage nach der Gesamt-Integrationsquote gestellt werden. Bezogen auf die Gesamtteilnehmerzahl von 484 jungen Arbeitslosen entsprechen die 272 Integrationen einer Erfolgsquote von 56.2%.

Geschlechterspezifisch können keine Unterschiede festgestellt werden. 138 männlichen standen 134 weibliche integrierte Teilnehmer gegenüber. Von den 272 Integrationen entfallen 212 auf Arbeitsverhältnisse (78%) und 60 auf den Bereich der Ausbildung (22%). Von den Integrationen wurden drei Viertel im regionalen Bereich (teilnehmerbezogener Umkreis von 100 km) realisiert. Dieser sehr hohe Anteil ist darauf zurückzuführen, dass der Programmträger und die Senior-Coaches sehr viel Zeit in die Akquise von verdeckten Stellen investiert hatten und somit zahlreiche regionale Arbeitgeber gewinnen konnten. Besonders hoch ist der Anteil der regionalen Integrationen in eine Ausbildung (95%). Aber selbst bei den reinen Integrationen in den ersten Arbeitsmarkt wird ein Wert von 70% regionaler Vermittlungen verzeichnet. In der Gesamtbetrachtung wurde außerdem untersucht, ob das Bildungsniveau Einfluss auf die Erfolgsaussichten bei der Vermittlung hat. Ergebnis: Zwar ist die Vermittlungsquote bei Teilnehmern mit Realschulabschluss und einem höheren Schulabschluss höher als bei Teilnehmern mit Hauptschulabschluss, dennoch können keine schwerwiegenden Benachteiligungen bei niedrigeren Bildungsabschlüssen erkannt werden. Lediglich die Gruppe von Teilnehmern ohne Schulabschluss schnitt im Vergleich schlechter ab. Werden die Integrationen in Ausbildung herausgerechnet, erzielen die ehemaligen Hauptschüler keine ungünstigere Vermittlungsquote als Realschüler und Abiturienten, da diese häufiger in weitergehende Ausbildungen oder ein Studium vermittelt wurden. Eine weitere Grundvoraussetzung für erfolgreiche Integrationsbemühungen liegt offenbar in der Mobilität der Teilnehmer. Neben weiteren Faktoren zählen der Führerschein und PKW zu den wesentlichen Kriterien. Die höchste Quote erzielten die 189 Teilnehmer, die sowohl den Führerschein als auch einen PKW hatten (65%). Von den 286 Teilnehmern mit Führerschein wurden 62% integriert, während 198 Teilnehmer ohne Führerschein mit deutlich geringerem Erfolg in Arbeit/Ausbildung vermittelt werden (48%). Die gesamte Vermittlungsquote von 56.2% bei „Bridges" ist im Vergleich zu bisherigen Programmen mit 20 - 30% Vermittlungsquote (Kieselbach, Klink, Scharf & Schulz, 1998) beachtlich. Dabei sind 80 Teilnehmer nicht berücksichtigt, die durch die Einstellung der Finanzierung nicht weiter im Programm „Bridges" lernen konnten. 15.5% der Teilnehmer hatten das Programm abgebrochen. Die Abbrüche erfolgten vor allem durch das Ende des Leistungsbezuges. Junge Arbeitslose, die noch bei ihren Eltern wohnen, sind in einer „Bedarfsgemeinschaft" des Haushaltes integriert. Wenn ein Elternteil eine Arbeit findet und das Grundeinkommen der Familie eine Mindestgrenze übersteigt, endet der Bezug von ALG II (Hartz IV) und der Teilnehmer musste leider vom Programm ausgeschlossen werden. Da das Programm „Bridges – Brücken in Arbeit" eine Maßnahme ist, die nach SGB II genehmigt wurde, müssen die Teilnehmer auch im Grundsicherungsbezug sein.

7. Fazit

Die Verbesserung der erlebten seelischen Gesundheit bei den Teilnehmern am innovativen Programm „Bridges" ist als großer Transfererfolg zu bilanzieren. Das Programm „Bridges" konnte bei den Teilnehmern eine Verringerung von Depressionssymptomen und eine nachhaltige Verbesserung ihrer seelischen Gesundheit erreichen. Das verbesserte psychische gesundheitliche Befinden der Bridges-Teilnehmer ist sicherlich auch eine Folge davon, dass ein großer Teil von ihnen durch das Programm Arbeit gefunden hat. Winefield, Tiggemann und Winefield (1991) haben gezeigt, dass junge erwerbslose Menschen einen Zugewinn an psychischer Stabilität durch die Integration in positiv gestaltete Erwerbsarbeit erreichen. Nitsche und Richter (2003) konnten belegen, dass auch freiwillige gemeinnützige Arbeit bei Langzeiterwerbslosen im Vergleich zu einer parallelisierten Vergleichsgruppe von Erwerbslosen eine gesundheitliche Stabilisierung bewirkte. Die Projektevaluation zeigte, dass es auch möglich ist, zu weiten Teilen Erwerbsarbeit durch gut entwickelte, gemeinnützige Arbeitsgelegenheiten zu simulieren, um einen Übergang in den ersten Arbeitsmarkt zu erleichtern. Die Teilnehmer am Programm „Bridges" wiesen eine deutliche Reduktion der Depressionssymptome im Vergleich zu den Kontrollgruppen auf. Es konnten dabei mittelgroße Programmeffekte nachgewiesen werden. Diese Transferleistung ist besonders wichtig, wenn die Beschäftigungsfähigkeit gefördert werden soll. Welchen weit reichenden Einfluss Depressionssymptome in den Anfängen des Erwerbslebens auf die zukünftige Entwicklung der Betroffenen haben, konnten die Befunde von Hammarström und Janlert (2002) zeigen. Sie stellten noch nach vierzehn Jahren Beeinträchtigungen des sozioökonomischen Status durch frühere Gesundheitsbeeinträchtigungen fest. Ein Programm, welches diese Symptome reduzieren kann, würde seinen Nutzen auch noch indirekt Jahrzehnte nach Programmende zeigen. Demzufolge ist der positive Effekt auf die seelische Gesundheit als Transfer des Programms „Bridges" vorhanden. Das Programm „Bridges" kann noch bei der Follow-up-Messung nach 18 Monaten positive Veränderungen der seelischen Gesundheit nachweisen. Das Projekt „Bridges" hat 272 junge Menschen wieder in den Arbeitsmarkt integriert, was für die Wirtschaftlichkeit des Programms spricht, denn dieses Programm wäre bereits bei einer Integration von 100 Personen kostendeckend gewesen.

In einer Maßnahme, in der die Teilnehmer nicht nur trainiert, sondern gleichzeitig in Arbeitsstellen vermittelt werden, kann von einer höheren Motivation ausgegangen werden. Um Arbeitsplätze bereitzustellen bedarf es demzufolge auch Instrumente, die bis in den Arbeitsmarkt reichen. Vor allem Arbeitgeber, Grundsicherungsträger sowie Bildungs- und Beschäftigungseinrichtungen müssen vernetzt arbeiten, um genügend reale Vermittlungschancen zu ermöglichen. Hierbei sollten auch deren Interessen berücksichtigt werden.

Literatur

Baethge, M., Hantsche, B., Pelull, W. & Voskamp, U. (1989). Jugend: Arbeit und Identität. Lebensperspektiven und Interessenorientierungen von Jugendlichen. Eine Studie des Soziologischen Forschungsinstituts Göttingen (SOFI) (2. durchgesehene Auflage). Opladen: Leske + Budrich.

Beelmann, G. (2003). Langzeitarbeitslose Jugendliche in Deutschland. Eine handlungsorientierte Analyse personaler und situativer Faktoren. Hamburg: Verlag Dr. Kovac.

Behle, H. (2007). Veränderung der seelischen Gesundheit durch arbeitspolitische Maßnahmen. Eine Analyse am Beispiel des Jugendsofortprogramms JUMP.

Berntson, E., Näswall, K. & Sverke, M. (2008). Investigating the relationship between employability and self-efficacy: A cross-lagged analysis. European Journal of Work and Organizational Psychology, 17, 413-425.

Bortz, J. & Döring, N. (2006). Forschungsmethoden und Evaluation. (4. Auflage). Berlin Heidelberg New York: Springer Verlag.

Brand Eins (2007). Alt hilft Jung – Soziale Innovation. Was Wirtschaft treibt. Folge 16: Ausgabe 05.

Felber, H. (1997). Berufliche Chancen für benachteiligte Jugendliche? Orientierung und Handlungsstrategien. München: DJI Verlag Deutsches Jugendinstitut.

Fritsch, A. & Kellermann, J. (1998). Evaluierung des transnationalen Projektes: Flexible Arbeitsmarktintegration für psychisch beeinträchtigte und sozial gestörte Menschen. Heidenau: T.O.P.

Hammarström, U. & Janlert, U. (2002). Early unemployment can contribute to adult health problems: results from a longitudinal study of school leavers. Journal of Epidemiology and Community Health, 56, 624-630.

Kanfer, F. H., Reinecker, H. & Schmelzer, D. (1996). Selbstmanagement-Therapie. Ein Lehrbuch für die klinische Praxis (2. Auflage). Berlin: Springer.

Kieselbach, T., Klink, F., Scharf, G. & Schulz, S. (1998). Ich wäre sonst ja nie wieder an Arbeit rangekommen! Evaluation einer Reintegrationsmaßnahme für Langzeiterwerbslose. Psychologie sozialer Ungleichheit. Weinheim: Deutscher Studienverlag.

Nestmann, F. & Engel, F. (1998). Beratung. In S. Grubitzsch & K. Weber (Hrsg.) Psychologische Grundbegriffe: Ein Handbuch. Hamburg: Rowohlt Taschenbuch Verlag.

Nitsche, I. & Richter, P. (2003). Tätigkeiten außerhalb der Erwerbsarbeit. Evaluation des TAURIS-Projektes (Bd. 6). Münster, Hamburg, Berlin, London: LIT Verlag.

Schmidt, M. (2010). Training zur Entwicklung der Beschäftigungsfähigkeit. Evaluation eines innovativen Programms zur Unterstützung junger Arbeitsloser. Legerich: Pabst Science Publishers.

Schmitt, M., Altstötter-Gleich, C., Hinz, A., Maes, J. & Brähler, E. (2006). Normwerte für das vereinfachte Beck-Depressions-Inventar (BDI-V) in der Allgemeinbevölkerung. Diagnostica, 52, 51-59.

Schmitt, M. & Maes, J. (2000). Vorschlag zur Vereinfachung des Beck-Depressions-Inventars (BDI). Diagnostica, 46, 38-46.

Schmitz, N., Kruse, J. & Tress, W. (1999). Psychometric properties of the general health questionnaire (GHQ-12) in a German primary care-sample. Acta Psychiatrica Scandinavica, 100, 462-468.

Vuori, J. (2005) The benefits of a preventive job search program on re-employment an mental health at 2-year follow-up. Journal of Occupational and Organisational Psychology, 78, 43-52.

Vuori, J. & Vesalainen, J. (1999). Labour market interventions as predictors of re-employment, job seeking activity and psychological distress among the unemployed. Journal of Occupational and Organizational Psychology, 72 (4), 523-538.

Winefield, A. H., Tiggemann, M. & Winefield, H. R. (1991). The psychological impact of unemployment and unsatisfactory employment in young men and women: Longitudinal and cross-sectional data. British Journal of Psychology, 82 (4), 473-486.

Anhang

GESUNDE.SACHSEN:

11 Thesen des Fachbeirates zum sächsischen Gesundheitsziel „Gesundheitsförderung bei Arbeitslosen"

Der Fachbeirat wurde im Dezember 2008 gebildet zur Unterstützung des Sächsischen Gesundheitsziels „Gesundheitsförderung bei Arbeitslosen", das am Sächsischen Staatsministerium für Soziales und Verbraucherschutz (SMS) angesiedelt ist. Er hat die Aufgabe, die bisher vorliegenden wissenschaftlichen Erkenntnisse in die Arbeit der Arbeitsgruppe zum Gesundheitsziel mit einfließen zu lassen und dadurch den Austausch zwischen Praxis und Wissenschaft zu fördern. Der Fachbeirat formuliert die folgenden 11 Leitsätze, die den gegenwärtigen Stand der Forschung zeigen und als Grundlage für die Arbeit mit Arbeitslosen zu berücksichtigen sind. Als Akteure im Umgang mit Arbeitslosen sind nicht nur die Einrichtungen der Arbeitsverwaltung und Arbeitsvermittlung zu betrachten. Wir sehen sowohl die Betriebe in der Pflicht als auch die Gesellschaft insgesamt und damit jeden Einzelnen zu einem sachgerechten Umgang mit Arbeitslosen. Dem Fachbeirat gehören an:

Universität Leipzig: Professur für Arbeits- und Organisationspsychologie; TU Dresden: Professur für Arbeits- und Organisationspsychologie, Professur für Methoden der Psychologie; **Universitätsklinikum Carl Gustav Carus Dresden:** Medizinische Psychologie und Medizinische Soziologie;

Universitätsklinikum Leipzig: AöR, Selbstständige Abteilung für Medizinische Psychologie und Medizinische Soziologie;
Hochschule für Technik, Wirtschaft und Kultur Leipzig: Fachbereich Sozialwesen

1. Psychisch labile Arbeitslose bedürfen professioneller Hilfe – so früh wie möglich!

Die Forschung zeigt:

Andauernde Arbeitslosigkeit macht krank! Vor allem die psychische Gesundheit wird beeinträchtigt.

Eine psychische Erkrankung bedeutet den Verlust gerade der Fähigkeit, die man für den Wiedereinstieg ins Arbeitsleben benötigt: Selbstvertrauen.

Arbeitslose haben im Vergleich zu Beschäftigten die meisten Arztkontakte und bekommen die meisten Medikamente verordnet.

2. Die Reduzierung finanzieller Mittel ist falsch!

Die Forschung zeigt:

Bereits vor über zwanzig Jahren konnte in einer Studie des Instituts für Arbeitsmarkt und Berufsforschung festgestellt werden, dass ein erheblicher Teil der Wiedervermittlung über das Netzwerk von Bekannten und Freunden geschieht. Dies geht nur, wenn die finanziellen Mittel auch Mobilität und Teilhabe am sozialen Leben absichern.

3. Arbeitslose können nicht mehr leisten als andere Menschen auch!

Die Forschung zeigt:

Von Arbeitslosen werden Veränderungen verlangt, die viele Menschen in stabilen Verhältnissen kaum zu leisten in der Lage sind: finanzielle Einbußen, Veränderungen der Lebensführung, Veränderung zentraler Rollen (z.B. „Ernährerrolle"), Umzüge bei ungesicherter Perspektive, Trennung von der Familie.

4. Viele Bewerbungen, hohe Arbeitsorientierung, starke Konzessionsbereitschaft und viel Optimismus sind falsche Forderungen an Arbeitslose!

Die Forschung zeigt:

Viele erfolglose Bewerbungen verschlechtern die psychische Gesundheit. Der Zwang zu möglichst vielen Bewerbungen beinhaltet demzufolge das Risiko, die Arbeitslosigkeit zu verlängern statt zu verkürzen! Wenig Erfolg versprechende Bewerbungsaktivitäten sind zu vermeiden!

Arbeitslose mit einer zu hohen Arbeitsorientierung haben eine schlechtere psychische Gesundheit als solche mit einer mittleren Arbeitsorientierung.

Arbeitslose mit besonders hoher Bereitschaft zu Zugeständnissen an die Qualität der Arbeit sind als erste wieder arbeitslos.

Arbeitslose, die anfangs besonders optimistisch sind, erweisen sich bei andauernder Arbeitslosigkeit als besonders depressionsgefährdet.

5. Auch Gesundheit ist ein Kriterium für den Erfolg von Maßnahmen für Arbeitslose!

Die Forschung zeigt:

Gesundheitsförderungsprogramme für Arbeitslose können nachweislich dazu beitragen, die körperlichen, psychischen und sozialen Ressourcen von Arbeitslosen zu stärken und somit ihre Handlungsfähigkeit zu erhalten. Verhaltens- und Verhältnisprävention sind dabei zu kombinieren.

6. Andere Formen der Arbeit sollten nicht behindert oder negativ bewertet werden, sondern als Qualifikationspotential positiv gewürdigt und unterstützt werden!

Die Forschung zeigt:

Auch Tätigkeiten außerhalb der Erwerbsarbeit, wie z.B. selbst organisierte Ausbildung, Qualifizierung, Kinderbetreuung, Nachbarschaftshilfe oder Ehrenamt, tragen zur gesellschaftlichen Teilhabe, Selbstvertrauen, Entwicklung von Kompetenzen bei. Sie ersetzen aber die Erwerbsarbeit nicht, da die positive Stabilisierung durch Erwerbsarbeit für die meisten Menschen größer ist als durch diese anderen Formen der Arbeit.

7. Nicht jede Erwerbsarbeit ist besser als Arbeitslosigkeit!

Die Forschung zeigt:

Arbeitslose, die in schlechte Arbeitsverhältnisse vermittelt werden, erleben keine Verbesserung der psychischen Gesundheit.

Zwangsmaßnahmen sind kontraproduktiv. Es zeigt sich, dass sich vor allem selbst ausgewählte Arbeit positiv auf die psychische Gesundheit auswirkt.

8. Primärprävention fängt im Betrieb an: Betriebliche Arbeitsgestaltung ist Prävention von Arbeitslosigkeit!

Die Forschung zeigt:

In der Arbeit werden Kompetenzen entwickelt, sofern bestimmte Qualitätskriterien erfüllt sind: Aufgabenvielfalt, vollständige Aufgaben, klare Ziele, Rückmeldungen, Kooperationsmöglichkeiten u.a.

Zur Bewältigung der Arbeitslosigkeit benötigt man Kompetenzen, die man im Arbeitsleben erwerben und entwickeln kann:

Umgang mit anderen Menschen, Kenntnisse bürokratischer Abläufe, Zeiteinteilung, Mitteleinteilung.

Intelligente Modelle der Umverteilung der Erwerbsarbeit (z. B. Rotationsmodelle mit Frei- und Lernphasen) wirken dem Abbau von beruflichen Kompetenzen entgegen.

9. Prävention muss im Betrieb konsequent fortgeführt werden: durch Information und Hilfsangebote!

Die Forschung zeigt:

Schon die Unsicherheit um den Arbeitsplatz erzeugt eine Schwächung des Immunsystems und der psychischen Gesundheit, vor allem, weil bei unklaren Informationen Handlungsunsicherheit besteht. Daraus folgt die Notwendigkeit einer frühzeitigen und klaren Information der Betroffenen bei betrieblichen Umstrukturierungen. Betriebliche Programme, die berufliche Um- oder Neuorientierung für alle Beschäftigtengruppen unterstützen, können erfolgreich verhindern, dass Arbeitslosigkeit überhaupt erst entsteht.

10. Die psychosoziale Gesundheit von Arbeitslosen zu erhalten ist ein allgemeines Präventionsziel und fängt mit der Schaffung von Bildungschancen im Kindergarten an!

Die Forschung zeigt:

Arbeitslosigkeit hat negative Effekte bis weit ins spätere Leben, auch wenn man längst wieder einen Arbeitsplatz gefunden hat.

Arbeitslosigkeit und ihre Folgen sind „sozial vererbbar": Resignation, vermindertes Selbstwertgefühl, depressive Stimmungen betreffen auch die Kinder (und Partner). Es bedarf daher einer verbesserten gesellschaftlichen Integration, die mit gleichberechtigten Bildungschancen im Kindesalter beginnt.

11. Die öffentliche Stigmatisierung von Arbeitslosen ist zurückzuweisen. Statt Arbeitslose zu diskriminieren, ist ihre Leistung bei der Bewältigung der Mängel des Arbeitsmarktes anzuerkennen!

Die Forschung zeigt:

Ein erheblicher Teil der Wiedervermittlung erfolgt über das „soziale Netz" loser Bekanntschaften. Dies setzt voraus, dass Arbeitslose sich als solche zu erkennen geben.

Vertrauen in die Fähigkeit anderer erhöht deren Leistung. Dagegen führen negative Erwartungen zu Minderleistung.

Es gilt:
**Arbeitslosigkeit ist kein psychologisches Problem,
sondern ein gesellschaftliches!**

Kontakt: muehlpfordt@psychologie.tu-dresden.de (Tel.: 0351/46336940)

Autorinnen und Autoren

Arnold, Ulrike
Volkshochschule Leipzig
E-Mail: Ulrike.A@web.de

Bergmann, Bärbel Prof. Dr. em.
Technische Universität Dresden
Professur für Methoden der Psychologie
E-Mail: bergmann@psychomail.tu-dresden.de

Berth, Hendrik PD Dr.
Universitätsklinikum Carl Gustav Carus
an der Technischen Universität Dresden
Medizinische Psychologie und Medizinische Soziologie
am Zentrum für Seelische Gesundheit
E-Mail: berth@wiedervereinigung.de

Brähler, Elmar Prof. Dr.
Universitätsklinikum Leipzig – AöR
Selbstständige Abteilung für Medizinische Psychologie
und Medizinische Soziologie
E-Mail: elmar.braehler@medizin.uni-leipzig.de

Förster, Peter Prof. Dr.
Forschungsstelle Sozialanalysen Leipzig
E-Mail: prof.foerster@gmx.de

Göttling, Sascha Dr.
Universität Leipzig
Arbeits- und Organisationspsychologie
E-Mail: info@dr-goettling.org

Grande, Gesine Prof. Dr.
Hochschule für Technik, Wirtschaft und Kunst Leipzig
Fakultät Angewandte Sozialwissenschaften
E-Mail: grande@fas.htwk-leipzig.de

Igel, Ulrike
Hochschule für Technik, Wirtschaft und Kunst Leipzig
Fakultät Angewandte Sozialwissenschaften
E-Mail: igel@fas.htwk-leipzig.de

Krocker, Nadin Dr.
Leipziger Aus- und Weiterbildungsbetriebe (LAB) GmbH
E-Mail: nadin.krocker@lvb.de

Merkel, Doreen
Bundesagentur für Arbeit
Agentur für Arbeit Helmstedt
E-Mail: Doreen.Merkel@arbeitsagentur.de

Mohr, Gisela Prof. Dr.
Universität Leipzig
Arbeits- und Organisationspsychologie
E-Mail: mohr@rz.uni-leipzig.de

Mühlpfordt, Susann
Technische Universität Dresden
Institut für Arbeits-, Organisations- und Sozialpsychologie
E-Mail: muehlpfordt@psychologie.tu-dresden.de

Richter, Peter Prof. Dr. em.
Technische Universität Dresden
Institut für Arbeits-, Organisations- und Sozialpsychologie
E-Mail: richter@psychologie.tu-dresden.de

Rothländer, Katrin
Technische Universität Dresden
Institut für Arbeits-, Organisations- und Sozialpsychologie
E-Mail: rothlaender@psychologie.tu-dresden.de

Schmidt, Matthias Dr.
Technische Universität Dresden
Professur für Methoden der Psychologie
E-Mail: m.schmidt@psychologie.tu-dresden.de

Stöbel-Richter, Yve PD Dr.
Universitätsklinikum Leipzig – AöR
Selbstständige Abteilung für Medizinische Psychologie
und Medizinische Soziologie
E-Mail: yve.stoebel-richter@medizin.uni-leipzig.de

Zäbisch, Katrin
Don Bosco Jugend-Werk GmbH Sachsen
Psychologischer Dienst
E-Mail: katrin.zaebisch@mediation-zaebisch.de

Zenger, Markus Dr.
Universitätsklinikum Leipzig – AöR
Selbstständige Abteilung für Medizinische Psychologie
und Medizinische Soziologie
E-Mail: markus.zenger@medizin.uni-leipzig.de

Florian Löbermann

„Mit der Tür durch die Wand"

Ein praxisbezogenes Training zur bewussten und aktiven Gestaltung des eigenen Lebens (nicht nur) für gering qualifizierte arbeitslose Jugendliche

Gering qualifizierte arbeitlose Jugendliche stehen durch ihre schwierigen sozialen, wirtschaftlichen, bildungsmäßigen und z.T. auch familiären Voraussetzungen häufig vor diffizilen Aufgaben mit vergleichsweise größeren Ängsten und Spannungen als andere Jugendliche. Neben der beginnenden Selbstreflexion, der erhöhten Selbstaufmerksamkeit und der hohen Sensibilität für Defizite im Jugendalter führt für sie der Mangel an Lehrstellen und Arbeitsplätzen in der aktuellen wirtschaftlichen Situation zu weiteren - arbeitsmarktbezogenen - Erschwernissen: Gering qualifizierte arbeitslose Jugendliche haben - wenn überhaupt - nur geringe Chancen auf dem Arbeitsmarkt. Es fehlen ihnen neben bescheinigten Qualifikationen auch Fähigkeiten und eigene Erfahrungen für eine selbst bestimmte, aktive und erfolgreiche Planung und Gestaltung des eigenen Lebens. Ihre Erfahrungen des Scheiterns wirken sich negativ auf ihr Selbstvertrauen und ihr Selbstwertgefühl aus.

Vor diesem Hintergrund wird im Rahmen dieser Arbeit ein adressatenbezogenes Lern- und Entwicklungsarrangement gestaltet, um eine förderliche kontextuelle Selbstentwicklung der Teilnehmer zu realisieren und somit den Teilnehmern die Möglichkeit zu geben, eine aktivere und bewusstere Gestaltung des eigenen Lebens zu erlernen.

Neben der Entwicklung des Trainings auf der Grundlage verschiedener theoretischer Konzepte und unter Einbeziehung erlebnispädagogischer Elemente bietet die Evaluation des Pilotversuchs in Form von offenen, teilstrukturierten und qualitativen Interviews einen weit reichenden Einblick in die Erfahrungswelt der Trainingsteilnehmer und einen Eindruck über die durch das Training bewirkten Veränderungen.

Als Anregung und Praxishilfe für die Durchführung eines solchen Trainings enthält der Anhang dieses Buches einen Leitfaden unter Bereitstellung entsprechender Materialien, wobei neben der Arbeit mit gering qualifizierten arbeitslosen Jugendlichen auch die Integration des Trainings in Erstausbildungen, arbeitsmarktpolitische Projekte für Jugendliche aber auch in Schulen und Schulsozialarbeit sinnvoll erscheint.

Sind sich die Teilnehmer ihrer Ziele und Möglichkeiten bewusst, können sie die Chancen und Qualifizierungsmöglichkeiten, die sich ihnen bieten, vor diesem Hintergrund bewerten und ggf. die individuellen Chancen für ihre eigene persönliche Weiterentwicklung erkennen und nutzen.

Wie sich dies auswirken kann, zeigt folgendes Teilnehmerzitat:

"Ähm, in den Hinsicht ich, sag ich ja ich geh nicht mehr mit dem Kopf durch die Wand. Ich mach vorher die Tür auf und dann geh ich durch die Wand."

316 Seiten, ISBN 978-3-89967-328-9, Preis: 20,- Euro

 PABST SCIENCE PUBLISHERS
Eichengrund 28, D-49525 Lengerich, Tel. 05484-308, Fax 05484-550,
E-Mail: pabst.publishers@t-online.de – Internet: www.pabst-publishers.de

456 Seiten, ISBN 978-3-89967-647-1,
Preis: 35,- Euro

Thomas Rigotti, Sabine Korek,
Kathleen Otto (Hrsg.)

Gesund mit und ohne Arbeit

Dieses Buch beschäftigt sich mit gesundheitsrelevanten Bedingungen der Erwerbsarbeit sowie der Erwerbslosigkeit. Im ersten Teil des Buches werden wichtige Erkenntnisse zu Stress, arbeitsbezogenem Wohlbefinden und Gesundheitsförderung vorgestellt. Im zweiten Teil wird eine Fokussierung auf die Gesundheit in Dienstleistungsberufen vorgenommen. Im dritten Teil werden Arbeitsbeziehungen, Mitbestimmung und Führung und ihre zunehmend bedeutende Rolle für die Gesundheit von Beschäftigten thematisiert. Der vierte und letzte Teil stellt Befunde sowie Interventionsansätze in Bezug auf gesundheitliche Auswirkungen von Erwerbslosigkeit und Arbeitsplatzunsicherheit dar.

Das Buch vereint wissenschaftliche Überblicksarbeiten, neue Erkenntnisse aus der empirischen Forschung sowie Erfahrungsberichte aus der betrieblichen Praxis und bietet damit einen umfassenden Überblick zu hinderlichen und förderlichen Bedingungen für die Gesundheit von Erwerbstätigen und Erwerbslosen. Eine lohnenswerte Lektüre für alle, die sich mit der Förderung von Gesundheit beschäftigen.

PABST SCIENCE PUBLISHERS
Eichengrund 28
D-49525 Lengerich
Tel. + + 49 (0) 5484-308
Fax + + 49 (0) 5484-550
pabst.publishers@t-online.de
www.psychologie-aktuell.com
www.pabst-publishers.de

Training zur Entwicklung der
Beschäftigungsfähigkeit:

Evaluation eines innovativen Programms
zur Unterstützung junger Arbeitsloser

**232 Seiten, ISBN 978-3-89967-681-5,
Preis: 25,- Euro**

PABST SCIENCE PUBLISHERS
Eichengrund 28
D-49525 Lengerich
Tel. + + 49 (0) 5484-308
Fax + + 49 (0) 5484-550
pabst.publishers@t-online.de
www.psychologie-aktuell.com
www.pabst-publishers.de

Matthias Schmidt

Training zur Entwicklung der Beschäftigungsfähigkeit

Evaluation eines innovativen
Programms zur Unterstützung
junger Arbeitsloser

In diesem Buch wird die Entwicklung, Durchführung und Evaluation des erfolgreichen Programms "Bridges - Brücken in Arbeit" beschrieben. Auf der Basis einer umfangreichen Analyse der Bedürfnisse und Probleme junger Hartz IV Empfänger, wurde ein Modellprojekt umgesetzt, in dem die Teilnehmer die Bedeutung von selbstgesetzten Zielen für den eigenen Entwicklungsweg erlernen. Durch die gezielte Kombination verschiedener wirksamer Maßnahmen entwickeln die Teilnehmer beschäftigungsrelevante Personmerkmale. Zusätzlich hat sich die seelische Gesundheit der Trainingsteilnehmer deutlich verbessert. Die jungen Arbeitslosen werden in allen Phasen des Programms von speziell ausgebildeten ehemaligen Arbeitslosen intensiv gecoacht. In der Versuchsregion Ostsachsen konnten durch diesen neuen Ansatz innerhalb von zwei Jahren 272 junge Arbeitslose in den ersten Arbeitsmarkt oder Ausbildung integriert werden. Dies entspricht einer Erfolgsquote von 56,2%. Zusätzlich wurden jene Merkmale identifiziert, die den Wiedereinstieg in Arbeit für diese besondere Zielgruppe begünstigen.